BRIAN J. PIERCE

SAN MARTÍN DE PORRES
UN SANTO DE LAS AMÉRICAS

Pierce, Brian J.
    San Martín de Porres : el santo de América - 2ª ed. - Buenos Aires :
Bonum, 2011.
    112 p. ; 20x14 cm.

    ISBN 950-507-805-6

    1. Martín de Porres, Santo-Biografía. I. Título
    CDD 922.22

Primera edición: enero de 2006.
Segunda edición: junio de 2011.

Título original: *Saint Martin de Porres: A Saint of the Americas*
Imprimi Potest:
Thomas D. Picton, CSs.R.
Provincial de los Redentoristas de la Provincia de Denever

Copublicado por Libros Liguori (USA) y Bonum (Argentina)
Liguori, Missouri
www.liguori.org

© Editorial Bonum, 2011.
Av. Corrientes 6687 (C1427BPE)
Buenos Aires - Argentina
Tel./Fax: (5411) 4554-1414
ventas@editorialbonum.com.ar
www.editorialbonum.com.ar

Impreso en Argentina
Es industria argentina

ÍNDICE

1

DEL CAOS A LA COMPASIÓN

La niñez de Martín de Porres tuvo su cuota de caos. No solo esto se materializó dentro de su propia familia, sino que, dentro de su propio mundo luchaba diariamente contra la realidad deshumanizante de la pobreza material, intensificada por la violencia de vivir en un país bajo dominación extranjera. Lo que sorprende, no obstante, cuando uno se remonta a los difíciles comienzos en la vida Martín, es que permitió que Dios transformara el caos de su niñez y de su pobreza, en compasión. En otras personas, estos mismos ingredientes habrían desembocado en una vida de amargura y enojo. Martín, sin embargo, lo entregó todo a Dios, quien tomó los hilos españoles y africanos de su frágil corazón y los entretejió, convirtiéndolos en un hermoso tapiz de amor divino (Salmo 139, 13).

Se desconoce la fecha exacta del nacimiento de Martín de Porres. No obstante, lo que sí se sabe es que Martín fue bautizado en la Iglesia de San Sebastián en Lima, Perú, el 9 de diciembre de 1579. En el registro bautismal se lee: "El miér-

> *coles nueve de diciembre de 1579, he bautizado a Martín, hijo de padre desconocido y de Ana Velásquez, una mujer negra libre. Los padrinos fueron Juan de Bribiesca y Ana de Escarcena. Suscribo el presente: Juan Antonio Polanco".*[1]

Y de esta manera comienza nuestra magnífica historia. Con solo unas pocas palabras, ya podemos vislumbrar algo de la incomparable vida de Martín, quien viene a este mundo ya tocado por el sufrimiento. Uno no puede evitar escuchar los ecos del humilde y pobre nacimiento de Jesús: sus padres rechazados en la posada en Belén, dejando al mismo Jesús sin lugar alguno "donde reclinar la cabeza" (Cf. Mateo 8, 20). Martín tenía probablemente uno o dos días de vida en el día de su bautismo, ya que esa era la costumbre en aquellos tiempos. Ana, su madre, con el apoyo de los padrinos, tuvo que responsabilizarse totalmente del bautismo de Martín y de sus primeros años de vida. Ella llegó a la Iglesia de San Sebastián ese día de diciembre, como una mujer pobre, negra-criolla y ahora liberada de la esclavitud,[2] y por encima de todo y peor para ese entonces, como madre soltera. Cuando miramos para atrás, muchos siglos después, vemos su historia reflejada en las historias de muchos de nuestro pesente. Contaba con muy poco apoyo excepto su fe en Dios.

1 JAB, p. 38.
2 Un criollo negro era una persona nacida en América, de padres africanos.

La historia nos brinda más adelante algunos nuevos detalles de los humildes comienzos de Martín. Su madre había venido de Panamá; y, según las leyes vigentes en aquel momento, sabemos que habría sido liberada de la esclavitud ya sea porque pagó por ella o bien porque su libertad le fue garantizada por su dueño.[3] Lo importante que se debe tener en cuenta es que la madre de Martín había sido esclava durante muchos años en el pasado; pieza clave de la historia cuando uno considera el alcance que tuvo la vida de Martín y su compromiso para con los pobres. Esto también significa que en Martín, el santo mulato de Perú, corría la sangre de esclavos africanos. Su vida conllevaba dentro de sí la historia de sus antepasados. El alma de Martín nunca dejó de ser africana.

Tan significativa como su herencia africana –por lo menos en cuanto a moldear los primeros años de la vida de Martín– fue su herencia española. La anotación bautismal, "hijo de padre desconocido", ubica a Martín en la categoría de hijo ilegítimo. En el catolisismo del siglo XVI, no era sencillo vivir con este rótulo. Comenta Alex García-Rivera: "Juan condenó a su hijo a la ilegitimidad, una grave consecuencia en la estricta sociedad jerárquica de Lima".[4] Juan de Po-

---

3 Se especula que la familia de Ana provenía de la costa noroeste del continente africano, cerca del Río Senegal (JAB, p. 46). Se necesita investigar aún más al respecto. Se espera que la publicación de una disertación de Bruce B. Schultz, OP, arrojará luz sobre este tema.
4 Alex García-Rivera, *San Martín de Porres: "Little Stories" and the Semiotics of Culture*, Nueva York, Orbis, 1995, pp. 2-3.

rras (o Porres)[5] era español, descendiente de una larga línea de *hidalgos*, es decir soldados cristianos cuyas vidas estaban comprometidas con la Corona Española. José Antonio del Busto ha reconstruído lo que parece ser el árbol genealógico del padre de Martín, remontándose hasta el año 1102. Si la propuesta genealogía es correcta, Juan de Porras fue hijo de Martín de Porras y Santo Domingo e Isabel de la Peña, familia originaria de Burgos, en la región de Castilla, España. También se cree que nuestro propio Hermano Martín tenía un tío que era jesuita (también llamado Martín) y dos tías, Mariana y Jerónima, que eran monjas.[6]

Los *hidalgos* eran soldados de élite, muy respetados dentro del imperio, aunque no pertenecían a la nobleza, como algunos han pensado. Morir en la guerra era para ellos un gran honor. También se esperaba que el hidalgo viviera una vida de castidad, como parte de su compromiso de honor para con el Rey. Esto significa que, para Juan, ser padre de un hijo —en especial con una esclava liberada de ascendencia africana— habría sido considerado motivo de vergüenza. En lugar de tener la valentía de admitir que el hijo mulato era su hijo, Juan optó más bien por el camino seguro y se

---

5 El nombre de familia "de Porres" es también conocido como "de Porras". Sabemos que Martín firmó al menos en una ocasión como "Hermano Martín de Porras". Su familia usaba ambas versiones indistintamente. Nosotros elegimos "de Porres" ya que es la forma más común y la que se ha usado en los documentos oficiales de canonización. Ver JAB, pp. 39-42 y BBS.
6 JAB, pp. 39-42

distanció de su familia. Aunque apareció en la vida de Martín y de su hermana menor, Juana, en una o dos oportunidades, mostrando cierto interés en sus vidas, su compromiso en términos generales para con Ana y sus hijos fue negligente en el mejor de los casos. En 1586, Juan llevó a sus dos hijos a Ecuador, con la aparente intención de brindarles a ambos una educación. Juana quedó en Ecuador, mientras que Martín retornó a Lima, alrededor de un año despúes, y fue entregado al cuidado de una mujer llamada Isabel García Michel. No se sabe por qué no volvió a vivir con su madre a su regreso a Lima.

Solo podemos llegar a imaginar hasta qué punto la relación de Martín con su padre cobarde dejó en él una herida abierta en su corazón. Sin embargo, Martín parece haber podido entregar su corazón herido a Dios, quien transformó el sufrimiento y la vergüenza en compasión y amor. De una forma extraña, el corazón de Martín, fue poco a poco pareciéndose cada vez más al corazón guerrero de su padre, pero de un modo diferente. En lugar de entregar su corazón en señal de lealtad al rey de España, Martín entregó su corazón al amor y a la justicia del Reino de Dios. Fue precisamente la unión de su alma africana y su corazón de guerrero español lo que transformó a Martín en trovador de la compasión de Dios.

Es un error común elevar a los santos a un nivel de santidad que los hace parecer más divinos que humanos. Mientras que esta es una tendencia natural cuando uno considera una vida como la de Martín, nos hacemos poco favor si dejamos de lado la parte humana de sus vidas. Esto es especialmente verdad en el caso de Martín. Nació en un contexto social muy complicado. Alrededor de cuarenta años antes de su nacimiento (1533), Atahualpa, emperador del imperio Inca en el Perú, fue asesinado por Pizarro y todo su imperio conquistado por el ejército español. Y practicamente, de un día para otro, los *conquistadores* redujeron a la esclavitud a todo un pueblo que había sido libre. El fraile dominico Bartolomé de las Casas, en uno de sus escritos, poco antes del nacimiento de Martín, comenta haber visto entre los pueblos indígenas de América "a Jesucristo, nuestro Dios azotándolo y afligiéndolo y abofeteándolo y crucificándolo, no una sino millares de veces, cuanto es de parte de los españoles que asuelan y destruyen aquellas gentes" en su ambiciosa búsqueda de oro y poder.[7] El padre de Martín, debemos recordar, formaba parte de esta brutal e injusta estructura de conquista y avaricia.

Para empeorar las cosas, de acuerdo a las citas de un historiador católico negro, Cyprian Davis, OSB: "En el siglo XVI un español hubiera pensado que una guerra contra los musulmanes estaba siempre justi-

---

7 Bartolomé de las Casas, *History of the Indies* (*Historia de las Indias*, III, cap. 138, II, 511b), traducida y editada por Andrée Collard, Nueva York, *Harper and Row*, 1971, pp. 264-265.

ficada. Los negros africanos eran vistos como habitantes del territorio musulmán. Por lo tanto, podían ser tomados como esclavos".[8] Perú unió lo peor de ambos mundos: indios conquistados y africanos esclavizados.[9] Éste era el mundo en el que Martín nació. ¿Cómo se habrá sentido, siendo él mulato[10], su madre una esclava liberada, y su padre miembro del ejército de conquistadores blancos que, en ese entonces, traficaban esclavos desde África? Inimaginable.

Es importante que *sintamos* el infierno social en el que nació Martín. Simplemente perpetuaríamos la injusticia, si tan solo nos limitásemos a mirar hacia atrás para admirar al hermoso Martincito con su escoba en mano, barriendo los pasillos del claustro dominicano con su cara angelical. Martín nació en medio de la violencia de la guerra y la opresión. Fue uno de los rechazados de la sociedad y, tristemente, fue su propio padre, al menos durante gran parte de su vida, quien prefirió proteger su propio honor en lugar de brindar protección y un apellido a su hijo recién nacido.

---

8 Cyprian Davis, OSB, *The History of Black Catholics in the United States (Historia de los Negros Católicos en los Estados Unidos)*, Nueva York, Crossroad, 1990, pp. 22-23.
9 Se estima que en el año del nacimiento de Martín, 1579, había alrededor de cuatro mil esclavos africanos en Lima. Hacia el año 1614, Lima tenía una población que superaba los veinticinco mil habitantes, y casi once mil de éstos eran africanos o mulatos. Esta cifra representaba casi la mitad de la población de la ciudad. Ver Noé Zevallos, *Rosa de Lima: Compromiso y Contemplación*, Lima, CEP, 1988, pp. 2-3; 35-36. Ver también JAB, pp. 24-25.
10 Un mulato es una persona de raza mixta: negra y blanca/española.

Es un cuadro bastante trágico contemplar el corazón y el alma de este hijo amado de Dios, Martín, y mirar con admiración esa flor de primavera que florece en medio de una pila de basura apestosa. Martín permitió que Dios redimiera lo que parecía ser una situación irremediable. En palabras de la Madre Teresa de Calcuta, Martín, arraigado en la fe, decidió, desde muy temprana edad, hacer de su vida "algo hermoso para Dios". Y Dios "vio que era bueno" (Génesis 1, 12).

PREGUNTAS PARA REFLEXIONAR

→ ¿Qué siento en mi corazón y en mi alma cuando considero los penosos comienzos de la vida de Martín?

→ ¿Suelo olvidar que los santos vivieron en el mundo real y enfrentaron dificultades tan reales como las nuestras?

→ ¿Dónde veo que la violencia de la guerra, la opresión y el racismo están presentes aún hoy?

→ ¿Tengo algúnas situaciones familiares que, como Martín, ansío sanar?

→ ¿Estoy inspirado para hacer de mi vida "algo hermoso para Dios", tal como lo hizo Martín?

→ ¿Cómo podría hoy dar el primer paso en esa dirección?

2

CRISTO CRUCIFICADO: EL SEÑOR DE LOS MILAGROS

Dado los difíciles comienzos de la vida de Martín, uno puede entender de qué manera la cruz de Cristo se convirtió en un aspecto central de su espiritualidad. Incluso al día de hoy, el Cristo crucificado continúa siendo una devoción popular para muchos de los pobres de América Latina. Desgraciadamente, este vínculo espiritual con la cruz de Cristo ha sido malinterpretado por muchos, e incluso descartado porque se cree que es una forma que tienen los pobres de permanecer pasivamente oprimidos. Nada podría estar más alejado de la verdad. Para Martín de Porres fue a través del Cristo crucificado que el Dios de la salvación se acercó a su dolor, trayendo esperanza a través de la solidaridad y del amor.

Fue en la casa de Isabel García, donde Martín vivió después de haber pasado un año en Guayaquil, Ecuador que comenzaron sus encuentros diarios de oración con el crucifijo.[11]

11 Parece ser que Martín tenía contacto con su madre durante estos años y, aunque nadie puede asegurarlo, es posible que su padre le haya confiado a Isabel García el cuidado de Martín, pues creía que Ana, su madre, no contaba con suficiente estabilidad económica para cuidar de sus hijos.

Martín le pedía a Isabel García una vela de cera, o un cabo de una vela... Temiendo un incendio, pero más que nada por saber lo que ocurría, Isabel se dejó tentar por su curiosidad, y acercándose furtivamente a la habitación del chiquillo, hurgó por las rendijas de la puerta. Lo que vio la dejó impresionada. Martín estaba de hinojos, quieto, silente, y hacía oración ante la imagen de un Crucificado. Su oscura silueta se perfilaba piadosa contra la lucecilla encendida, y la unción del orante era tal que parecía imposible en un niño de tan pocos años. [12]

En ese tiempo, Martín tenía alrededor de ocho o nueve años y la curiosidad de Doña Isabel se incrementó cuando el pequeño empezó a pedirle una vela todas las noches antes de irse a la cama. Luego de haber descubierto la escena, Isabel la compartió con su hija, Francisca, quien dio el testimonio que más tarde fue agregado a los ya obtenidos para el proceso de beatificación de Martín.

¿Qué fue lo que atrajo a Martín hacia la cruz? ¿Qué es lo que veía en el Cristo crucificado que lo conmovía tan profundamente? Un niño de ocho años podía "jugar a la iglesia" una o dos veces, pero esto era más que eso. ¿Es posible que Jesús se haya convertido en la figura del padre tangible que Martín en realidad nunca había tenido, o tal vez en una suerte de hermano mayor?

12 JAB, p. 59.

Los crucifijos en la Lima en esa época fueron tallados o por artesanos españoles o por peruanos que imitaban el estilo español. Esto significa que los cuerpos clavados en los crucifijos eran típicamente españoles, un rasgo común en todo el arte religioso colonial de América. Es muy probable que esto haya sido lo que llamó la atención de Martín. Era un Jesús manso, un Jesús blanco de rasgos españoles, colgado desesperanzada, pero mansamente en la cruz. Su rostro, aunque marcado por el sufrimiento, era también amoroso y compasivo, bien diferente de muchos de los soldados y de los colonos españoles de la Lima de aquel entonces. No había violencia en este Cristo. No mataba ni oprimía a nadie, sino por el contrario, daba su vida por todos. Su amor puso fin a la violencia. Fue él, quien después de todo, había rezado desde la cruz: "Padre, perdónalos, porque no saben los que hacen".

Ese Cristo amoroso, que había sufrido de maneras muy similares a las que Martín presenciaba cada día, le hablaba a él en lo profundo de su corazón. Estas conversaciones silenciosas durante las noches, iluminadas por la luz de la vela, sentaron el fundamento de una oración contemplativa que acompañó a Martín el resto de su vida. Al igual que Jesús, él también quería ser un apóstol de la paz en un mundo tan marcado por la violencia.

Desde muy temprana edad, Martín había visto esclavos africanos e indígenas encadenados, atravesando las calles de Lima, con el propósito de ser vendidos a los colonos españoles para trabajar en las minas de oro y plata.[13] Martín debe haber escuchado muchas de las historias que relataba su madre sobre Panamá y sobre cómo sus abuelos habían sido traídos como animales en un barco desde África. En el distrito de Malambo, donde Martín vivió con la señora García durante siete años, estaban los *corralones:* éstos eran "terrenos, cercados y guardados por perros, en cuyas chozas vivían los negros, recién llegados de Tierrafirme ... [que] esperaban su venta o remate en pública almoneda".[14] Es imposible imaginar lo que pensaba Martín cuando pasaba delante de estas jaulas llenas de seres humanos.

Siendo Martín un muchacho de una sensibilidad tan profunda, fue difícil para los demás comprender el dolor que sentía en su corazón, de la manera que lo entendía el Cristo crucificado. Cuando Martín era burlado, o le escupían en las calles, llamándolo *perro mulato,* fue solamente el Cristo manso y amoroso de la cruz quien le daba consuelo y esperanza: "No temas, estoy contigo". Para los pobres de América Lati-

---

13 La casa de Martín durante sus primeros ocho años de vida fue en la calle Espíritu Santo, la avenida principal que unía el puerto peruano del Callao con la ciudad de Lima. Era el camino que el virrey (persona designada para gobernar un país o provincia en calidad de representante del rey de España) transitaba con su magnífica comitiva cada vez que llegaba o partía de la ciudad. También era "el camino de la cruz" para los esclavos africanos que eran desembarcados en el puerto y llevados, esposados y encadenados todos juntos por el cuello, para ser vendidos en el vecindario de Malambo (JAB, p. 37).

14 JAB, p. 58. Martín vivió en el vecindario de Malambo (que aún existe hoy) aproximadamente desde 1587 a 1597, año en que ingresó al Priorato Dominicano.

na, maltratados y "crucificados" durante los años de los gobiernos coloniales de España y Portugal –e incluso hasta nuestros días– el cuerpo ensangrentado del Salvador crucificado es, irónicamente, una gran fuente de esperanza. Saben que si el Hijo amado de Dios sufrió del mismo modo que ellos, entonces no están solos; Dios está con ellos. Según las palabras del arzobispo y mártir salvadoreño, Monseñor Oscar Romero:

> *Sentimos en el Cristo de la Semana Santa, con su cruz a cuestas, que es el pueblo que va cargando su cruz. Sentimos en el Cristo de los brazos abiertos y crucificados, al pueblo crucificado; pero que desde Cristo, un pueblo crucificado y humillado, que encuentra la esperanza.*[15]

Dios no es ajeno al sufrimiento. Para los pobres, el Cristo crucificado es Emanuel, el Mesías prometido, el Dios que está con nosotros –siempre– sin excepción.[16]

En Lima, durante la vida de Martín, había una imagen del Cristo crucificado pintada sobre una pared en un vecindario poblado por africanos, posiblemente Malambo. Este icono de Cristo era muy venerado por los pobres en aquella época. No sabemos

---

15 Monseñor Oscar Romero, en *Día a Día con Monseñor Romero,* San Salvador, Publicaciones Pastorales del Arzobispado, 1999, p. 79.

16 Brian J. Pierce, OP, *"The Cross and the Crib: Hope From the Underside",* América, 2 de abril de 1994, pp. 13-14. Isaías, el profeta, prometió la venida de Emmanuel (ver Isaías 7, 14).

exactamente cuándo fue pintado, pero sí sabemos que la obra se salvó milagrosamente de la destrucción del terrible terremoto del año 1655, convirtiéndose en el símbolo sagrado más venerado en todo Perú. A raíz de este suceso milagroso, el icono pasó a ser conocido como *El Señor de los Milagros*. Esta imagen del Cristo crucificado continúa, en la actualidad, ofreciendo orientación, consuelo, y esperanza a millones de peruanos.[17]

Aunque no podemos asegurarlo, sí podemos suponer que Martín estaba familiarizado con el icono de *El Señor de los Milagros*, y podemos imaginarlo rezando tranquilamente frente a la imagen en el vecindario de Malambo, pidiendo consuelo y liberación del sufrimiento de la vida diaria. Probablemente, lloraría cuando los sentimientos de menosprecio y rechazo parecían sobrepasarlo. Pero él sabía que no lloraba solo. Jesús lloraba con él. Ambos compartían una experiencia común de sufrimiento, y eso hacía aún más fuerte la amistad.[18]

Cuando Martín ingresó a la Orden Dominica unos años más tarde, nuevamente debió enfrentar cara a cara

---

17 Durante el mes de octubre, el mes dedicado al Señor de los Milagros, cientos de peruanos van en procesión durante varios días y desfilan por las calles de Lima para expresar su amor y devoción a Cristo, tal como es representado en este icono. La imagen es popularmente conocida como "*el Cristo morado*" porque está envuelto en una túnica de color violeta intenso. En honor al Cristo, miles de peruanos se visten de color morado durante todo el mes de octubre.

18 Brian J. Pierce, OP, "*Martín de Porres: Compassion in full Bloom*" *Justice, Peace & Dominicans*: 1216-2001, Dublin, Publicaciones Dominicas, 2001, pp. 118-124.

el sufrimiento, esta vez debido a las leyes racistas de la Iglesia, que buscaban evitar que los negros y los indios se convirtieran en religiosos y sacerdotes.[19] Una de esas leyes establecía que "en ningún territorio de las provincias de las Indias podrán ser recibidos bajo ningún concepto, dentro del hábito y profesión sagrados de nuestra Orden, quienes sean conocidos como mestizos o quienes hubieren sido engendrados, ya sea por parte materna o paterna, de sangre indígena o africana".[20] No obstante, estas leyes no podían deshacer la profunda liberación interior que Dios había forjado en Martín desde su infancia. Los largos años de lágrimas ante el crucifijo de su Jesús misericordioso ya habían comenzado a guiar su corazón desde la herida hacia la contemplación, de la esclavitud a la solidaridad.

La contemplación del rostro compasivo de Cristo le había revelado a Martín uno de los más grandes milagros: la belleza de su propio rostro, la belleza de su propio corazón y de su propia alma. Como Jesús, Martín finalmente llegó a saber que él también era

---

19 Guillermo Álvarez, OP, escribió una linda historia acerca de la Orden y la Iglesia en el Perú colonial: *Historia de la Orden Dominica en el Perú*, tres volúmenes, Dominicos del Perú, 1997 y 1999. Con respecto al tema del racismo, Fray Guillermo comenta que Santa Rosa de Lima (contemporánea de Martín) "eligió no ser una monja de claustro sencillamente porque la segregación racial en los monasterios era un signo contrario al Evangelio, un motivo de escándalo", según Noé Zevallos en *Rosa de Lima: Compromiso y Contemplación*, Lima, CEP, 1988, pp. 35-36. Ver también AGR, pp. 4-8, 108.

20 Stephen Clissold, *The Saints of South America (Los Santos de América del Sur)*, Londres, Charles Knight & Co. Ltd., 1972, p. 63, según se cita en BBS. El trabajo de investigación, aún no publicado, de Bruce Schultz, OP, en este tema es bastante amplio.

una imagen de Dios, y que su corazón era el templo del Espíritu Santo (1 Corintios 3, 16). La opresión externa puede ser ciertamente difícil de soportar, pero el milagro de la libertad que Dios nos otorga en el templo del corazón humano nunca podrá ser quitada. Martín también pasó el resto de su vida ayudando a los demás a descubrir este gran milagro.

PREGUNTAS PARA REFLEXIONAR

→ ¿Experimento el milagro del amor de Dios en mi vida?

→ ¿Dedico algún tiempo en los próximos días a rezar ante una imagen del Cristo crucificado?

→ ¿Qué palabras escucho del Cristo misericordioso?

→ ¿Hay algún sufrimiento personal o del mundo que quiero poner en las manos de Jesús?

→ ¿Entiendo cuán profundamente comprende Cristo el dolor?

→ ¿Veo cuántas personas, en la actualidad, continúan siendo "crucificadas" por el odio?

→ ¿Qué puedo hacer para marcar una diferencia?

→ Escribo una oración al Cristo de la cruz.

3

HERMANO DE TODOS

En 1594, a los quince años de edad, Martín tocó la puerta del Convento Dominicano de Nuestra Señora del Rosario y pidió ser recibido como un *donado*, un hermano oblato no profeso. Desde la casa donde vivía en Malambo, Martín podía escuchar a los frailes dominicos cantar los salmos en latín. Aquellas antiguas canciones, originalmente cantadas por un pueblo liberado de la esclavitud, resonaban profundamente en el corazón del joven Martín. Pasó el resto de su vida como miembro de esta comunidad, como un fraile predicador en la Orden de Santo Domingo.[21] Esos años, llenos de oración, vida comunitaria, servicio incansable a los pobres y profundas amistades duraderas, lo transformaron. Había finalmente encontrado una familia en donde se sentía como en casa. La palabra *"fraile"*, del latín *frater*, significa "hermano". Éste fue uno de los dones más grandes de Martín: el llegar a ser verdaderamente un *hermano* para todos.

---

21 La Orden de Predicadores, o Dominicos, fue fundada a principios del siglo XXII por Santo Domingo de Guzmán, para vivir una vida de pobreza mendicante, de oración y de predicación itinerante. El Convento de Nuestra Señora del Rosario, estaba compuesto de aproximadamente 150 frailes cuando ingresó Martín, sin contar los hermanos laicos y los *donados*. JAB, p. 105.

> *Un día, uno de los frailes vio a Martín limpiando los baños del Convento. Durante aquellos días, Martín había estado hospedado en la casa del Arzobispo de México, que había venido a Perú expresamente para ser curado por Martín. El fraile se dirigió a Martín y le preguntó, "Hermano Martín, ¿no es mejor estar en la casa del Señor Arzobispo de México que limpiando los baños del convento?" Martín respondió con una cita de uno de los salmos: "Prefiero el umbral de la casa de mi Dios / antes que vivir en las tiendas del impío" (84, 10). Luego, agregó: "Padre Juan, prefiero pasar un tiempo breve en este trabajo que muchos días en la casa del Señor Arzobispo".[22]*

Fray Martín vivió su vida dominica con tanta transparencia que, muchas veces, tomaba a la gente desprevenida. La mera presencia de este joven mulato, hijo de una unión ilegítima, era una suerte de interrogación para muchos de los frailes. No encajaba en ninguna categoría, y esto los hacía sentir un tanto incómodos. Martín no parecía preocuparse demasiado; él ya se había dado cuenta de que Dios, muchas veces, revierte las cosas, alterando el orden con el objeto de revelar algo nuevo. ¿Acaso la Virgen María no había cantado esto mismo muchos siglos antes? "El Todopoderoso derribó a los poderosos de sus tronos, / y elevó a los humildes; / colmó de bienes a los

22 ARG, p. 14.

hambrientos, / y despidió a los ricos con las manos vacías" (Lucas 1, 52-53). Dios estaba acostumbrado a dar vuelta las cosas. Martín era simplemente actor en el escenario de Dios.

La anécdota de la preferencia de Martín por los baños del convento antes que la casa del arzobispo debe ser interpretada en este contexto de *revertir las cosas*. Es un ejemplo perfecto de las "pequeñas historias" que se cuentan acerca de Martín. Tienen el sentido de sacudirnos un poco y desafiarnos a vivir más auténticamente el Evangelio. Para Martín, no había diferencia real entre limpiar los baños o atender a las necesidades del arzobispo enfermo. Por otra parte, el Padre Juan le formuló la pregunta porque evidentemente consideraba de mucho más valor estar en la lujosa casa del arzobispo antes que en los malolientes baños del convento. La respuesta de Martín (que poco tenía que ver con la espiritualidad de limpiar baños) tenía la intención de convencer al Padre Juan a que reflexionara sobre sus propias prioridades en la vida. Tal era la manera de ser sencilla y trasparente de Martín. Vivió plenamente en el momento presente con una gran ecuanimidad, sin preocuparse demasiado por lo que pensaran los demás sobre su vida espiritual. Esto le otorgó un arraigamiento que le permitió permanecer anclado en Dios y al mismo tiempo presente en el mundo cotidiano de los pobres.

Martín probablemente alcanzó gradualmente este arraigamiento y equilibrio durante los primeros años de su vida en el Convento. Es muy probable, dada su infancia difícil, que Martín, al principio, haya tenido que luchar para adaptarse a la vida en comunidad. Él *no* había crecido en un ambiente en el que se hubiera sentido en iguales condiciones que los demás, y esa herida interior necesitaba el bálsamo sanador del amor, la experiencia de ser aceptado por sus hermanos dominicos.

Sabemos que Martín ingresó a la Orden primero como un *donado*. Parece haber razones para creer que, al menos en un comienzo, no se sintió digno de ser un fraile de pleno derecho, profeso en la comunidad. La imagen que tenía de sí mismo había sido dañada por los duros golpes de la vida. Lo maravilloso, no obstante, es mirar hacia atrás y ver cómo Martín se abrió a Dios y permitió que Dios le mostrara el camino de regreso a casa, a la plenitud de su dignidad humana. "Convertirse en un hermano es mucho más que formar parte de una comunidad", comenta Timothy Radcliffe, OP: "Me exigirá una paciente y a veces dolorosa transformación de quien soy".[23] Una vez que Martín dejó que Dios alcanzara y transformara lo profundo de su corazón y de su alma, descubriendo allí el don del amor incondicional, nada lo

---

23 Timothy Radcliffe, OP, Maestro de la Orden de Predicadores 1992-2001: *Carta a nuestros Hermanos y Hermanas en Formación inicial*, (mayo 1999), p. 3.

podía detener. Como una flor que nace en la tierra húmeda y se abre a la vida, Martín dio sus frutos y creció en la gracia de "la libertad de los... hijos de Dios" (Romanos 8, 21). Su vida nos enseña a todos la manera de ser hermanos y hermanas los unos con los otros.

Algo que probablemente sí fue un gran incentivo para Martín durante sus primeros años en el Convento fue la alegría de encontrar otro hermano mulato como él en la comunidad: Miguel de Santo Domingo, originario de Cusco y también recordado por su santidad ejemplar, quien había ingresado a la Orden como *donado*. No obstante, cuando Martín entró a la Orden en 1594, Miguel ya había profesado como hermano lego.[24] Aunque el ambiente racista dentro de la iglesia colonial era bastante riguroso, parece que los Dominicos en Perú estaban dispuestos a romper las reglas, si era necesario, tal como testimonian los casos de Miguel y Martín.

El historiador dominico Juan Meléndez, que escribió poco tiempo después de la muerte de Martín, relata una historia acerca de la imprevista reaparición del padre de Martín en la vida de su hijo. De acuerdo a la historia, Juan de Porras apareció un día en el Convento (probablemente en 1596, dos años después del ingreso de su hijo) para protestar por la ciudadanía de segunda clase de Martín en la

24 JAB, p. 75.

comunidad, demandando se le permitiera profesar como hermano lego.[25] Giuliana Cavallini aclara este incidente al comentar que "Martín se rehusó firmemente" a ceder ante las protestas de su padre, debido a que las mismas "se fundaban únicamente en su orgullo y vanagloria".[26] Esto explica el tiempo transcurrido entre la inesperada aparición de Juan de Porras en la vida de su hijo, a quien apenas conocía, y la eventual aceptación por parte de Martín a la invitación de la comunidad a hacerse hermano profeso. Martín *profesó* finalmente —siete años más tarde— esta vez, no obstante, como una respuesta libre al amor que él había recibido por parte de su *nueva* familia, sus hermanos de Santo Domingo. La fecha fue el 2 de junio de 1603, y el hecho quedó registrado con la firma de puño y letra de Martín en el Libro de Profesiones del Convento.[27]

---

25 JAB, p. 77. Rubén Vargas Ugarte, SJ, otro de los historiadores de Martín, es quien ubica este hecho en 1596, durante el segundo año de vida dominicana de Martín (ver también JAB, p. 78, nota N.º 28).

26 Giuliana Cavallini, *San Martín de Porres: Apostle of Charity*, Rockford, III, Libros y Publicaciones TAN, 1963, p. 46.

27 Existen aún opiniones encontradas acerca de si Martín alguna vez profesó los votos religiosos como hermano dominico (los *donados* no los profesaban) Busto y Schultz sostienen que no, concluyendo que Martín permaneció como *donado* toda su vida (JAB, pp. 77-78). Por otra parte, García-Rivera (AGR, p. 4) y Álvarez defienden la tradición, basándose en el Libro de Profesiones del Convento. Busto basa su conclusión principalmente en el uso de la frase "*Hizo donación de sí*" que se encuentra en el Libro para aquel día. La palabra *donación* posee la misma raíz que *donado*. Por esta razón, Busto concluye que la profesión de Martín, el 2 de junio de 1603, fue como donado. Sin embargo, el uso de la palabra *donación* no cambia el hecho de que Martín haya profesado *votos* aquel día. El argumento lingüístico de Busto simplemente no coincide con el registro escrito. Mi conclusión, después

Para Martín, no existía realmente diferencia entre ser *donado* o ser hermano profeso. Él había entregado su vida a Dios a muy temprana edad, y desde el día en que llamó a la puerta del Convento en 1594, simplemente continuó entregando su vida, primero a los hermanos en su comunidad y, desde allí, a todo el mundo. Nunca vaciló. Su vida entera fue un testimonio de lo que significaba ser *hermano,* siguiendo los pasos de Jesús, "el primogénito entre muchos hermanos" (Romanos 8, 29).

Humilde como era, Martín nunca perdió su sentido del humor. El hábito religioso que usaban los *donados* y el que usaban los hermanos profesos no era el mismo. Hay testimonios que atestiguan que Martín continuó usando el hábito de los *donados*, incluso cuando ya era mayor.[28] Ésta es una de las causas de la confusión que existe alrededor de su profesión de votos. La explicación más acertada es que Martín, después de hacer su profesión, o con la autorización de sus superiores o tan solo a causa de su testaruda devoción a seguir siendo un siervo de la comunidad, continuó usando su querido hábito de *donado* hasta

de considerar cuidadosamente las fuentes, y luego de una extensa conversación con Fray Guillermo Álvarez, OP, un sabio historiador dominico del Perú, es que Martín sí hizo profesión como hermano lego. Tal como comenta el Padre Álvarez, la explícita mención de la promesa de Martín —"obediencia para toda su vida"— y su firma —"hermano Martín de Porras"— en el libro son las pruebas de su profesión religiosa.
28 JAB, p. 78. En el año 1615, doce años después de su profesión como hermano lego, el fraile Cipriano de Medina, OP, comenta haber visto a Martín "vestido con el hábito de *donado* de su Convento, ejerciendo como enfermero, peluquero y cirujano".

el final de su vida. Martín era simplemente esa clase de persona: humildemente testaruda y encantadoramente libre.

PREGUNTAS PARA REFLEXIONAR

→ ¿Por qué Martín se hizo fraile dominico?

→ ¿Cómo pudo experimentar tan profundamente el amor incondicional y sanador de Dios?

→ ¿He experimentado el haber sido "amado incondicionalmente"?

→ ¿Lucho para afirmar mi propia dignidad humana?

→ ¿Qué es lo que hizo que Martín fuera tan libre?

→ ¿Qué significa para mí ser *hermana* o *hermano* para los demás?

→ Lee atentamente el Cántico de María (Lucas 1, 46-55), orando para comprender y vivir conforme a lo que proclama.

4

MARTÍN, EL SANADOR

Martín de Porres es conocido por sus muchos dones especiales, pero tal vez sea más conocido y venerado por ser instrumento del amor sanador de Dios. Podemos estar seguros de que los magníficos dones de Martín como sanador fluyeron de su propia experiencia de sanación interior. Él, que había sido amado plenamente por Dios, solo quería transmitir ese mismo amor sanador de Dios a los demás. Aunque tenía una especial preocupación por los pobres, en particular los negros y los indígenas, el amor sanador de Martín no conoció límites. Mezclando la antigua sabiduría medicinal africana e indígena con su fe en Jesucristo, llegó a ser un ejemplo de un sanador holístico verdadero, es decir, alguien preocupado por el bienestar del cuerpo, de la mente y del espíritu.

Un día Martín fue a visitar al Padre Pedro Montes de Oca, que estaba en cama a causa de una enfermedad en una de sus piernas. Una pequeña broma de Martín enojó al sacerdote, que lo llamó "perro mulato y un montón de otras cosas". Martín se retiró de la celda riendo. Al día siguiente regresó con una ensalada de alcaparras. Dirigéndose al Padre Pedro, le dijo, "Bueno, Padre, ¿sigue todavía enojado? Pruebe esta ensalada de alcaparras que le traje". El sacerdote quedó asombrado, "pues, al estar tan enfermo, con hambre, y con el dolor de saber que su pierna sería amputada el día siguiente había deseado comer esa ensalada durante todo el día. Viendo esto como un acto de Dios, el sacerdote pidió perdón al Hermano Martín por su enojo y las palabras insultantes que había pronunciado. Luego le pidió a Martín piedad para con él. Martín posó sus manos sobre la pierna, y el fraile fue curado y liberado de todo peligro".[29]

Hay cientos de historias acerca de Martín curando a los enfermos y a los heridos. Lo que hace a esta historia tan impactante es que Martín amaba y curaba incluso a aquellos que lo trataban irrespetuosamente. Su paciencia y humor con el Padre Pedro fue mucho más que la curación de una pierna enferma. Martín quería sanar a toda la persona y, en el proceso, traer sanación y reconciliación a toda la comunidad. Cuando se sana una persona, el mundo entero también se sana.

Los dones de sanación de Martín comenzaron a ser valorados desde sus primeros años. En el vecindario de Malambo, fue aprendiz de dos sanadores; el primero era un herbario o boticario, llamado Mateo

29 ARG, p. 72.

Pastor, que le enseñó el arte de preparar medicinas sobre la base de hierbas. Habiendo aprendido de su madre sobre hierbas y sanación,[30] apendió rápidamente las recetas para preparar cremas, savias y pomadas, utilizando la abundante flora de los cerros y montañas que rodean Lima. Nuestro Dios Creador ha bendecido la creación, haciendo de ella una fuente de nutrición y bienestar para todos los seres vivos. Solo cuando compartimos las riquezas de la creación, mostramos nuestro respeto al Dios que las creó.

Más tarde, Martín pasó varios años como aprendiz del barbero/cirujano, Marcelo de Ribera, quien llegó a ser uno de sus mejores amigos durante toda la vida. Tal vez haya sido esta experiencia la que mejor lo preparó para ser asistente de enfermería del Convento dominico durante tantos años. Un *barbero* en la época de Martín hacía casi todo lo que en la actualidad hace un médico, un dentista, un enfermero y un terapeuta físico, y tal vez un poco más. Los barberos cortaban el pelo, sacaban dientes, curaban las quemaduras, protegían y cocían las heridas, sacaban sangre, arreglaban fracturas, hacían cirugías menores y recetaban medicamentos. ¡Eran una especie de clínica móvil multifuncional para cualquier molestia o dolor! Para Martín, era su forma de cuidar al pueblo de Dios, siendo las manos y el corazón de Cristo en el mundo. Nunca fue para Martín un *trabajo o*

---

30 ARG, p. 3.

una profesión; fue más bien una vocación de parte de Dios. Martín sabía muy bien que él era un instrumento del poder sanador de Dios, y, a menudo solía decir a quienes eran sanados: "Yo te curo, que Dios te sane".[31]

Martín y el enfermero del convento, Fray Fernando Aragonés, cuidaban a más de doscientos frailes y a cientos de pobres que llegaban al Convento para ser curados. A veces, Martín se quedaba hasta altas horas de la noche curando a un fraile enfermo o a algún pobre herido en una pelea. "Dormía donde lo cogía la noche", decía uno de sus hermanos de la comunidad, "en algún banco o la cátedra del Capítulo, o a los pies de algún enfermo que estuviese de riesgo".[32] La imagen de Martín fielmente parado al lado de los enfermos, cuidándolos hasta muy tarde en la noche, da testimonio de su devoción a Cristo, que dijo: "Estaba enfermo y me visitaste" (Mateo 25, 36).

Para Martín, la sanación era algo más que simplemente curar una enfermedad física. Era su *presencia,* su fidelidad al *permanecer con* los enfermos lo que les transmitía el amor sanador de Dios. "Servía [a los enfermos] de rodillas y estaba de esta suerte asistiéndolos de noche a sus cabeceras los ocho y los quince días, conforme a las necesidades en que los veía estar, levantándolos, acostándolos y limpiándolos aunque

---

31 JAB, pp. 122, 270.
32 JAB, p. 96. Testimonios de Francisco de Arce, OP, y Marcelo de Ribera.

fuesen las más asquerosas enfermedades, todo con un encendido corazón de ángel".[33]

Vemos esta misma presencia sanadora ejemplificada en una escena de nuestra época. Pierre Claverie fue un fraile dominico y obispo de Orán, una región de Argelia azotada por la guerra y el fundamentalismo religioso. En una de sus homilías, en junio de 1996, Monseñor Claverie habló de su propio deseo de ser fiel a su vocación cristiana en un país convulsionado por la violencia, y lo que significaba para él "permanecer fiel" junto a los pobres y vulnerables:

> *La gente a menudo me pregunta: "¿Qué haces aquí? ¿Por qué te quedas?... ¡Regresa a tu casa!" Casa... ¿Dónde está nuestra casa?... Estamos aquí [en Argelia] por este Mesías crucificado. ¡Por nada más y nadie más!... Estamos aquí como aquel que está al costado de la cama de un amigo, o de un hermano enfermo, en silencio, apretándole la mano y secando el sudor de su frente. Por Jesús, porque es él quien sufre aquí, en esta violencia que no perdona a nadie, crucificado una y otra vez en el cuerpo de miles de inocentes".[34]*

---

33 JAB, p. 123. Testimonio de Fray Cristóbal de San Juan.

34 El Obispo Pierre Claverie predicó esta homilía el 23 de junio de 1996 en el Monasterio Dominico de Nuestra Señora de Prouille, en el sur de Francia, cinco semanas antes de ser asesinado. Para más información sobre su vida: Jean Jacques Pérennès, OP, *A Life Poured Out: Pierre Claverie of Algeria*, (Maryknoll, New York: Orbis Books, 2007).

"Estamos aquí por Jesús". Esto es lo que significa estar *presente,* fiel junto a aquellos que sufren. Este es el amor sanador que Martín expresó tan maravillosamente con su vida. Cinco semanas después de haber predicado esta homilía, el 1.º de agosto de 1996, el Obispo Claverie fue asesinado en la puerta de su casa en Orán. Al igual que Martín, se había mantenido en vigilia durante la larga y oscura noche, *allí,* junto a su pueblo.

También Martín fue fiel, siempre presente, con los pobres y los enfermos. Un día le trajeron un esclavo africano que había sido herido en una pelea, con las entrañas afuera. Martín corrió inmediatamente hasta su celda y volvió con vino y romero. "Se puso de rodillas delante de dicho negro herido y le estuvo chupando con su boca la dicha herida sacándole la sangre. Y después que se la hubo sacado, con el dicho vino le lavó la dicho herida y luego le puso en ella el dicho romero masticado". Cuatro días más tarde el hombre se había recuperado.[35] Seguramente, no estamos acostumbrados a estas imágenes tan vívidas (alguien chupando la sangre de una herida) pero no debemos dejar de ver el simbolismo oculto en esta imagen: Martín *arrodillándose* al lado de un cuerpo que sangraba, *besando* las heridas, curándolas con el mismo vino que se usa en la celebración de la Eucaristía. Tal como dijo el Obispo Claverie: "Es Jesús el

---

35 JAB, p. 109.

que sufre allí... crucificado una y otra vez en el cuerpo de miles de inocentes".

Martín a menudo usaba hierbas y remedios naturales en sus curaciones, muchas de las cuales él mismo cultivaba en el huerto del convento. Al igual que Jesús, que usaba barro, saliva y agua, Martín usaba la pasta molida de almendra y de semillas de melón, alfalfa, manzanilla, romero e, incluso, ladrillos calientes para curar los calambres. Era *curandero* y santo al mismo tiempo. Esta era la forma en que comunicaba el amor incondicional y la presencia consoladora de Dios a los demás.

Hoy podríamos imaginar a Martín dando su apoyo a muchos de los caminos alternativos de sanación que tienen su raíz en la antigua sabiduría: la naturoterapia y la medicina alternativa, la acupuntura y el Reiki, los masajes y la reflexología, los grupos de Doce Pasos, la meditación, y el cuidado paliativo de los enfermos terminales. Martín, al igual que Jesús, a menudo curaba con las manos. ¿Somos conscientes del poder vital del tacto humano? ¿No nos recuerda esto que hemos sido moldeados por las manos de un Dios que es amor?

María Elena es una sanadora de nuestros tiempos. Todos los años, el Jueves Santo, ella, junto con otros compañeros y compañeras, da masajes sanadores a la gente de la calle en un barrio pobre de San Francisco, en California. Al igual que Jesús, que lavó los pies de sus discípulos ese mismo día, María Elena derrama su amor, a través de la fuerza del tacto humano, para devolver al pobre humillado y maltratado su propia dignidad humana. Al igual que Martín, María Elena anuncia la Buena Nueva a través de sus manos.

PREGUNTAS PARA REFLEXIONAR

→ ¿Cuál es la sanación que más deseo?

→ ¿He pensado en pedirle a San Martín que interceda por mí?

→ Cuando le pido a Dios que cure a los demás, ¿me ofrezco para ser su instrumento?

→ ¿Cómo puedo usar los caminos naturales y holísticos para la sanación?

→ Lee la historia de los diez leprosos curados por Jesús (Lucas 17, 11-19). ¿Ha habido una sanación en mi vida por la cual quiero dar gracias a Dios?

→ ¿Alguna vez me he considerado a mí mismo "sanador"?

→ ¿Cómo puedo dar a los demás el amor sanador que fluye del corazón y de las manos de Cristo?

5

DIOS LLAMA AL PROFETA

Además de sus tareas como asistente de la enfermería, otro de los quehaceres conventuales de Martín era hacer sonar las campanas de la iglesia. Era conocido en toda la ciudad de Lima por ser el *campanero* del convento dominico. En realidad, cuando los vecinos, por una u otra razón, no escuchaban las campanas de la primera hora de la mañana, sabían de inmediato que el Hermano Martín estaba enfermo.[36] Es interesante observar que, en los testimonios recogidos para su beatificación, muchos de sus contemporáneos compartían historias sobre la devoción que Martín tenía por el toque de *la campana del alba*, la campana de la primera hora de la mañana, alrededor de las 4:30, justo antes de que los primeros rayos de sol traspasaran la oscuridad del cielo. ¿Por qué tanta devoción por hacer sonar las campanas? ¿Qué le hablaba Dios al corazón contemplativo de Martín durante esas tempranas horas de la mañana? Un maestro carpintero de España, Francisco Pérez Quintero, contó esta historia acerca de las tareas de Martín como "campanero" del Convento:

36 JAB, pp. 82-85.

> *Todas las noches, un gran gato blanco, negro
> y marrón entraba por una abertura que daba
> a la celda [de Martín] ...Cuando llegaba hasta
> donde él estaba, el gato empezaba a tirar de su
> hábito con sus garras como si le estuviese avi-
> sando que era hora de realizar alguna tarea...
> El Hermano Martín de Porras salía de la cel-
> da para hacer sonar la campana del amanecer
> (campana del alba) de la cual era devoto... El
> gato lo seguía.*[37]

¡La historia es un deleite para los que amen los gatos! Gracias al trabajo de fondo sobre las "peque-ñas historias" de Martín de Porres del teólogo Alex García-Rivera, sabemos que esta historia es mucho más que una simple y agradable anécdota acerca de un gato. Cuenta García-Rivera:

> Dado el violento encuentro de las culturas Ibé-
> rica, Amerindia y de África al sur del Sahara, la
> aparición del gato blanco, negro y marrón es im-
> pactante... Este gato "mestizo" despierta al otro
> mestizo, a Martín, el mulato, y le "recuerda" que
> es hora de hacer su tarea... Al hacer sonar la cam-
> pana del alba, Martín... es responsable de des-
> pertar a la Iglesia de su sueño, para comenzar
> un nuevo día. Este gato blanco, negro y marrón
> significa algo relacionado con la campana, casi

37 AGR, p. 59, y JAB, p. 83.

siempre el heraldo de una gran noticia, o más significativamente aún, el transmisor de un mensaje importante.[38]

Es a través del relato de esta aparentemente e inocente historia del amigo felino de Martín que vislumbramos el profundo significado de la *devoción* de Martín por hacer sonar las campanas del alba todos los días. Martín, que llevaba en lo profundo de su corazón una visión del Reino de Dios, sabía que la Iglesia aún no había *despertado* a su verdadero rol como la levadura de una nueva sociedad. Él *veía* las contradicciones, las leyes racistas, la conquista injusta de América por la España "católica", y era dolorosamente consciente del silencio ensordecedor de la Iglesia en estas cuestiones. La Iglesia había permanecido dormida en el momento en que los vándalos saqueaban un continente entero.

Por eso, Martín y su gato mestizo se aliaron como co-conspiradores en un intento de despertar a la Orden Dominica y a la Iglesia a una comprensión más profunda de la justicia de Dios. Martín, al igual que el profeta Isaías, escuchó una voz en lo profundo de su corazón, preguntando: "¿A quién enviaré?" (Isaías 6, 8). ¿Quién pronunciará la Palabra de justicia, igualdad y amor de Dios en medio de esta violencia? ¿Quién tendrá la valentía de proclamar las palabras de

38 AGR, p. 59.

los antiguos profetas en un lenguaje nuevo, adaptado a nuestra época? "Aquí estoy, Señor", oraba Martín, "envíame a mí" (Isaías 6, 8).

Poco menos de un siglo antes de que Martín comenzara a sonar las campanas del Convento en Lima, otra comunidad de frailes dominicos, en la isla de Quisqueya (llamada *La Española* por los españoles y luego República Dominicana/Haiti) hacía sonar su propia campana del despertar. Poco tiempo después de arribar a la isla, los frailes comenzaron a ver las contradicciones y las mentiras detrás de la conquista. Uno de los frailes, Antonio de Montesinos, fue enviado a hacer sonar el clamor por la justicia:

> *Soy la voz de Cristo en el desierto de esta isla... la más áspera y dura y espantable y peligrosa voz que jamás no pensasteis oír ... Decid: ¿Con qué derecho y con qué justicia tenéis en tan cruel y tan horrible servidumbre a estos indios? ¿Con qué autoridad habéis hecho tan detestables guerras a estas gentes que estaban en sus tierras mansas y pacíficas?... ¿Estos no son seres humanos? ¿No tienen almas racionales? ¿No estáis obligados a amarlos como a vosotros mismos?[39]*

39 Esta famosa homilía, pronunciada por el fraile Antonio de Montesinos, OP, el Cuarto Domingo de Adviento del año 1511 quedó registrada por un joven cura que estaba presente aquel día en la iglesia. Su nombre era Bartolomé de las Casas, y se convirtió posteriormente en el más acérrimo profeta de la justicia y defensor de los derechos de los amerindios durante los años de la colonia. Citado de *Estos*

Martín, tomando su lugar en una larga fila de profetas, sabía que *alguien* tenía que hacer sonar las campanas para despertar a esta generación de su sueño letárgico. Alguien tenía que mostrar que es posible vivir armoniosa y pacíficamente en un mundo que es *blanco, negro y marrón,* todo al mismo tiempo. Por eso cada mañana Martín y su gato calicó clandestino hacían su parte para acoger al amanecer de un nuevo día. Mientras sonaban las campanas, los frailes cantaban el oficio matutino de Laudes, justo en el momento en que el Cántico de Zacarías (Lucas 1, 78-79) anunciaba el amanecer de un nuevo día:

**Por la entrañable misericordia de nuestro Dios,
nos visitará el Sol que nace de lo alto,
para iluminar a los que viven en tinieblas
y sombras de muerte,
y para guiar nuestros pasos
por el camino de la paz.**

Era el deber de Martín ayudar a que "el sol que nace de lo alto" irrumpiera en la oscuridad del imperialismo y de su siniestra sombra de muerte. Martín sabía que Dios, que escucha el clamor de los pobres, guiaría fielmente a la Iglesia hacia el "camino de la paz".

¿No Son Hombres?, fr. Juan Manuel Pérez, OP, Santo Domingo, Fundación García-Arévalo, Inc., 1984, p. 38. Cita original tomado de *Obras de Fr. Bartolomé de las Casas*, Madrid, B.A.E., 1958, vol. II, p. 176.

¿Es acaso una simple coincidencia de la historia o fue el plan misterioso de Dios que, tres siglos y medio después de que Martín de Porres comenzara a hacer sonar las campanas del Convento dominico en Lima, surgiera otro profeta llamado Martín, que compartía la visión de una sociedad en donde los blancos, negros y mestizos pudieran vivir juntos? ¿No fue el gato con manchas tricolor un signo divino de Dios, que continúa manifestándose en nuestros tiempos de maneras diferentes?

El 28 de agosto de 1963, *el otro Martín*, Martin Luther King, Jr., dijo en un discurso frente al Monumento a Lincoln en Washington, D.C.

> *Hemos venido a este sagrado lugar para hacer recordar a América la imperiosa urgencia del ahora... Ahora es momento de elevarnos del oscuro y desolado valle de la segregación al soleado camino de la justicia racial... Yo tengo un sueño y es que un día esta nación se levantará y vivirá el verdadero significado de su credo... Sueño con que algún día mis cuatro hijos vivan en una nación donde no sean juzgados por el color de su piel, sino por su conducta... Sueño... que un día... niños y niñas negros podrán tomarse de las manos con niños y niñas blancos como hermanas y hermanos... [Y] cuando permitamos que suene la libertad, cuando resuene en todos los pueblos y en todas las comunidades, en todos los estados y en todas las*

ciudades... podremos tomarnos de las manos y cantar aquel viejo himno negro: "¡Libres al fin! ¡Libres al fin! Gracias a Dios Todopoderoso, somos libres al fin".[40]

Es muy probable que Martín de Porres y su gato multicolor hayan estado presentes entre la gran multitud reunida en Washington, D.C., aquel día, *sonriendo* al otro Martín, mientras las campanas de la libertad sonaban fuertes y claras. No es mera coincidencia que, el año anterior, Martín de Porres hubiera sido declarado santo de la Iglesia.

Algunos han especulado que fue el racismo dentro de la Iglesia lo que dilató la canonización de Martín por casi trescientos años. Es probable que haya algo de cierto en esta especulación. Sin embargo, al mismo tiempo, puede ser que Dios tenga la última palabra en la revelación de la historia. ¿No es profundamente valioso que el Papa Juan XXIII haya tenido el coraje profético de declarar santo a Martín precisamente en medio del Concilio Vaticano II y durante el movimiento por los derechos civiles en los Estados Unidos? ¿No existe acaso una buena razón para sospechar que Martín de Porres estuviera íntimamente involucrado en estos acontecimientos históricos? Uno no puede evitar escuchar en las voces de ambos

40 El Dr. Martin Luther King, Jr., *I Have A Dream* ("Tengo un Sueño"), discurso pronunciado en Washington, D.C. el 28 de agosto de 1963; citado en Ebony, enero de 1986, pp. 40-42.

Martín el clamor ancestral de los profetas anunciando el amanecer de un nuevo día de justicia.[41]

PREGUNTAS PARA REFLEXIONAR

→ ¿Qué campanas se necesitan hacer sonar hoy para *despertar a nuestra Iglesia*, tal como lo hicieron los dos Martín, en su momento?

→ Relee el Cántico de Zacarías (Lucas 1, 68-79), y reza con este antiguo himno que se canta todos los días, por el mundo entero, a la hora del amanecer. Escribe tus reflexiones orantes en un diario íntimo o en un cuaderno.

→ Si el gato de Martín apareciera hoy en el lugar donde vives ¿de qué color sería? ¿Qué idiomas hablaría?

→ Dedica algún tiempo a rezar por la tolerancia y por el fin de la injusticia racial, política y religiosa en el mundo.

41 Martín Luther King, Jr. fue asesinado en Memphis, Tenessee, en 1968. En la actualidad, al lado de la Iglesia de San Pedro en Memphis se encuentra el Santuario de San Martín de Porres, bajo la dirección de la Provincia dominica de San Martín de Porres. Además de ser un lugar de oración y peregrinación, el santuario está también dedicado a fomentar el trabajo por la justicia social y racial en el espíritu de *los dos* Martín. La dirección del santuario es: P.O. Box 3111, Memphis, Tenessee 38173, USA.

6

CIELO NUEVO Y TIERRA NUEVA

"Los caminos de Dios no son siempre los nuestros", es una verdad que por momentos nos cuesta aceptar. Y entonces nos encontramos mirando hacia atrás, a nuestro pasado, preguntádonos por qué Dios permite que ocurran ciertas cosas. La mayoría de nosotros conoce alguna historia trágica de alguna persona que estaba en el lugar equivocado, en el momento equivocado: un accidente de auto que no debería haber ocurrido, un divorcio que se podía haber evitado, la muerte de un ser querido al que no le encontramos sentido alguno. Cuando uno mira hacia atrás y observa el caos y la destrucción causados por la conquista de América y el tráfico de millones de esclavos africanos, uno se pregunta si tal vez Dios no se quedó dormido ese día. ¿No hubiera sido mejor que Europa, América y África nunca se hubieran encontrado? Es como si nos preguntáramos cómo habría sido nuestro mundo si no se hubiera inventado la bomba atómica o si Jesús no hubiera sido crucificado. Si Martín es el fruto de un trágico "error" de la historia, entonces ¿qué nos enseña él acerca de Dios?

María Beltrán era la hija de un importante militar en Lima. En medio de un parto difícil y sin posibilidad de dar a luz a la criatura que estaba atascada en el canal de nacimiento, le colocaron sobre su panza imágenes de diferentes santos, con la esperanza de obtener alguna ayuda divina. Nada sucedió, y se le aconsejó que hiciera su confesión y se preparase para morir. En ese momento, Lupercia González de Mendoza, la mamá de María, "recordó que tenía un pedazo de manga del hábito del venerado siervo de Dios, el Hermano Martín de Porras", y lo tomó y colocó sobre la panza de María y pidió fervientemente [a San Martín] que intercediera ante su divina Majestad para que su hija tuviera un buen parto. En ese preciso momento, el niño nació saludable, "sin secuela o lesión alguna".[42]

Volvamos al análisis que hace Alex García-Rivera de estas historias. Con un ojo crítico él observa que "la primera clave que señala que ésta no será como otras historias milagrosas. Las imágenes de los santos del Viejo Mundo que fueron colocadas sobre la panza de Doña María no tuvieron ningún efecto... Es la imagen de un futuro santo del Nuevo Mundo, un santo que todavía no ha sido reconocido, que tiene efecto".[43] Esta historia nos comunica que algo *nuevo*

---

42 AGR, p. 88. El testimonio fue dado por María Beltrán.
43 AGR, pp. 88-89.

está sucediendo, o por suceder; una nueva clase de santidad, una nueva clase de Iglesia está naciendo. Y Martín de Porres es parte de este maravilloso y nuevo nacimiento que Dios trae a una tierra conquistada y devastada por la guerra y la destrucción.

Estamos invitados, a través de una historia como ésta, a dejar de lado nuestras viejas convicciones y formas de pensar para abrirnos a nuevas posibilidades. De esto se trata la conversión: girar y ver la vida desde una nueva perspectiva. No obstante, antes de continuar, es importante establecer una clara premisa: Dios nunca quiere la maldad o la injusticia. La conquista de América por parte de España fue ambas cosas. Pero habiendo dicho esto, debemos también desafiarnos a ver con los ojos de la fe, es decir, a contemplar las maravillas de Dios en medio de nuestros errores y desaciertos humanos. Dios *no deseó* la muerte violenta de Jesús, pero no obstante, a través de su resurrección de entre los muertos, podemos testificar el hecho de que Dios hace maravillas: "*¡Oh, Felix culpa!*"[44]

Martín de Porres es un ejemplo viviente de las acciones maravillosas de Dios en medio de nuestro mundo pecaminoso y quebrantado. Por un lado po-

---

44 "Oh *Felix Culpa*... que nos trajo tan magnífico Redentor". *Felix Culpa* es una antigua frase, cantada todos los años en el *Exultet,* en la misa de la Vigilia de Pascua. Es una referencia a los sagrados frutos de la resurrección que surgen del terrible crimen de la cruz. Para saber más acerca de este tema, se puede leer el trabajo de Alejandro R. García-Rivera, *A Wounded Innocence: Sketches for a Theology of Art* (Una Inocencia Herida: Dibujos para una Teología del Arte), Collegeville, Minnesota, Liturgical Press, 2003, pp. 92-93.

demos afimar que Martín fue un "error". El pueblo de su madre nunca debió ser capturado y enviado contra su voluntad a una tierra extranjera. Su padre español no tenía derecho a ser parte de un ejército de ocupación en la tierra sagrada de los Incas, y ciertamente se equivocó en ser padre de un hijo que luego abandonaría casi totalmente, al igual que a su madre. No obstante, los caminos de Dios no son nuestros caminos. Dios tiene la manera de hacer algo nuevo de las piezas rotas de nuestros errores.

Martín es un símbolo de este *algo nuevo* que Dios está creando. El encuentro de su alma africana con su corazón guerrero y latino es, en sí mismo, el fruto de un error injusto de la historia. Es un ejemplo vivo de cómo Dios está creando "un cielo nuevo y una tierra nueva" (Apocalipsis 21, 1). Tal como muestra la historia del nacimiento del hijo de María Beltrán, Martín es un santo del *nuevo mundo* en medio de un *mundo viejo*. Rompe los viejos moldes, porque él es parte de una nueva creación. Es un *mestizo,* una mezcla de sangres, culturas, historias y sueños ancestrales. Es una mezcla de guerras y violencia y saqueos y conquista. Él es todo esto.[45] Y es al mismo tiempo el hijo amado de Dios, arcilla oscura en las manos del Alfarero divino: "He aquí que hago nuevas todas las cosas" (Apocalipsis 12, 1-5).

---

45 García-Rivera destaca el importante trabajo de Virgilio Elizondo, el principal artífice de la nueva *teología mestiza.* Ver la bibliografía de ARG para las fuentes.

Una gran señal apareció en el cielo: una mujer revestida de sol, con la luna bajo sus pies, y una corona de doce estrellas sobre su cabeza. Estaba encinta y gritaba con los dolores de parto, en la angustia de dar a luz Y apareció otra señal en el cielo, un dragón con siete cabeza y diez cuernos...Se puso delante de la mujer que iba a dar a luz para devorar a su hijo en cuanto lo diera a luz. Y dio a luz a un hijo varón, el que ha de regir a todas las naciones...

La historia del difícil parto de María Beltrán, asistido por la intercesión espiritual de Martín de Porres, es como el volver a relatar la historia del Apocalipsis. Es una historia que muestra a Dios generando nueva vida frente a la muerte. Es la historia del nacimiento de Martín y su lugar en la nueva sociedad mestiza. Las reliquias del *viejo mundo* ya no funcionan. Las *viejas* formas aparecieron por un tiempo y se fueron. Las *viejas* estructuras de poder y dominación, de conquista y esclavitud, dan ahora paso al *cielo nuevo y a la tierra nueva.* El "error" de la historia es redimido por el Dios de la historia.

Esto es igualmente verdad con el "error" llamado Martín de Porres, "hijo de un padre desconocido y una mujer esclava liberada". Su propia vida de contradicción se convierte en un gran espacio vacío donde Dios da forma a una *nueva creación en Cristo* (ver 2 Corintios 5, 17). Martín es para el Perú lo que María de Guadalupe es para México. Así como la Virgen de Guadalupe, mujer encinta y de piel oscura, dio a luz una Iglesia y sociedad *mestizas*, sucedió lo mismo con el nacimiento de Martín. Su piel oscura, producto de un "error" trágico de la historia, se transforma en Verbo-hecho-carne que anuncia el nacimiento de un nuevo Pueblo de Dios.

La Iglesia europea que llegó a las orillas de la América indígena, de la antigua África y de la misteriosa Asia, "ha sufrido los dolores de un parto" durante dos mil largos años (Romanos 8, 22). Por fin, y a pesar de fuerte oposición a lo largo de los siglos, la Iglesia ha empezado a adquirir un nuevo rostro. Se está convirtiendo en una Iglesia de *todos* los colores, *todas* las lenguas, *todos* los pueblos, *todas* los estilos de vida. Por fin, el don secreto de Pentecostés empieza a filtrarse en las grietas de las paredes de la Iglesia, y nuevamente escuchamos las maravillas de Dios proclamadas en todas las lenguas bajo los cielos (Hechos 2, 1-13).

La vida está llena de errores. Miramos hacia atrás, al pasado, y nos preguntamos cómo hubiera sido la vida sin las guerras y las bombas, sin las cámaras de gas y los arranques de cólera que han roto los sagrados vínculos de unión. ¿Cómo habría sido nuestra historia si Cristo no hubiera sido crucificado por el odio? No podemos saberlo, pues el camino de la historia tomó otros rumbos. Pero lo que *sí* sabemos –lo que Martín de Porres nos enseña una y otra vez– es que Dios no ha terminado aún de crear el universo. Somos la arcilla en las manos del Alfarero, y nada es imposible para Dios.

PREGUNTAS PARA REFLEXIONAR

→ ¿Me es posible confiar en que los errores y equivocaciones de mi vida pueden ser recreados a través del amor infinito de Dios?

→ ¿Confío en la providencia de Dios, incluso cuando parece insondable?

→ ¿Refleja mi comunidad de fe el *nuevo* pueblo de Dios, rico en diversidad?

→ El mal y la injusticia son tan reales en nuestro mundo actual como en los tiempos de Martín. ¿Cómo puedo ofrecer mi vida como un *gran espacio vacío* para que Dios moldee en mí una *nueva creación en Cristo?*

→ Reza y reflexiona el Salmo 139.

7

LAS CRIATURAS DE DIOS

Todos conocen a San Francisco de Asís y sus canciones de alabanza al hermano sol y a la hermana luna. En nuestros días, con el crecimiento de la conciencia ecológica (en respuesta al constante maltrato del planeta y de sus recursos) necesitamos el símbolo de San Francisco para que nos aliente en esta lucha. Martín tenía su propia forma de amar la creación y de alabar a Dios, su Creador. Como fraile de la Orden de Predicadores, la amistad de Martín con los animales y con todas las criaturas de Dios no era simplemente una afición. Era para él una especie de catequesis, una santa predicación que llevaba hacia Dios y su Reino, un Reino para todos, sin exclusión. Finalmente, las historias sobre Martín y su afecto por las criaturas de Dios son, en última instancia, historias sobre nosotros y para nosotros. Son el Evangelio, la Buena Nueva según Martín.

El amigo de Martín, el barbero y cirujano Marcelo de Ribera, recuerda cuando en unas recreaciones que hubo trajeron al Convento unos toros y terneras, para que los Coristas [herma-

nos profesos] jugasen con ellos. Estuvieron éstos [animales] cuatro días sin comer. Ya sabiéndolo el dicho siervo de Dios, fray Martín de Porras, se afligió mucho y en presencia de este testigo cargó a toda prisa botijas de agua y... Se le abrieron las puertas del noviciado a más de la medianoche, y metió la dicha agua y yerba y fue repartiendo a cada uno [de los animales], según la edad que tenían. Y siendo animales tan furiosos se le domesticaron y amansaron de tal suerte que llegaban al dicho siervo de Dios como a besarle el hábito. Y un religioso llamado Fray Diego de la Fuente...oyó hablar al dicho siervo de Dios y que decía a los toros: "El hermano es mayor; deje, deje comer a los menores".[46]

"Deje, deje comer a los menores". Aquí vislumbramos no sólo el tierno amor de Martín por las criaturas de Dios, sino que lo escuchamos predicar sobre la necesidad de estar atentos a los más pequeños y a los menos favorecidos también. La historia se parece a la parábola de Jesús sobre las ovejas y las cabras y la venida del Reino de Dios: "En verdad les digo que en cuanto lo hicieron a uno de estos hermanos míos, los más pequeños, a mí me lo hicieron" (Mateo 25, 40). Cuando Martín le dice a los toros que no olviden a los más pequeños, nosotros, al conocer la historia varios siglos más tarde, somos privilegiados al escuchar

---

46   JAB, p. 202. El amigo de Martín, Marcelo de Ribera, dio este testimonio.

no solo la conversación, sino también el mensaje del Evangelio que proclama.

Es importante, pues, para nosotros, no escuchar estas historias como si estuviéramos mirando un álbum familiar con las fotos del "gracioso Martincito", rodeado de animales en el zoológico doméstico del pueblo. Los "animales" de Martín son un símbolo del mundo mismo. Los amaba porque amaba al mundo y todo cuanto Dios había creado en él. Cuando Martín hablaba a sus amigos peludos, los animales, les hablaba desde lo profundo de su corazón y de su alma. Era su predicación, pero una predicación destinada mayormente a sus hermanos dominicos, y a nosotros también. Cada palabra que Martín pronunciaba debe ser escuchada de esta manera. Él fue, después de todo, un fraile predicador; todo su ser estaba saturado del Evangelio de Cristo.

Esto no quiere decir que Martín no se divirtiera "haciendo travesuras" con sus amigos, los animales. No es que toda la vida fuera para él una cosa seria. ¡En absoluto! Amaba los animales genuinamente, y es por eso que ellos eran el medio que Martín utilizaba para predicar el Evangelio. Un día, mientras Martín estaba divirtiéndose con un rebaño de terneros en una granja en las afueras de Lima, su amigo Juan Vásquez de Parra le dijo: "Padre, tenga cuidado que no lo tiren al suelo". Martín respondió: "No te preocupes. ¡Te aseguro que nunca he pasado un día más divertido en toda mi vida!"[47] El amor de Martín por los animales era genuino, porque su *amor* era genuino.

Quizás Martín era más conocido por su amor a los perros. Ellos buscaban su cariño, lamiéndolo escandalosamente para expresarle su afecto. Un testigo dijo que era común verlo regresar al convento llevando "los perros que hallaba heridos o enfermos y los recogía en su celda, a los cuales curaba con tanta voluntad y amor como si fueran seres racionales".[48] ¿Qué estaba tratando de decir al mundo al traer estos perros al Convento para curarlos? ¿Qué nos quiere decir sobre Dios? La hermana dominica, Mary O'Driscoll, preguntó en una conferencia hace muchos años: "¿Los pobres se sienten acogidos en nuestras casas?" ¿No es ésa acaso la pregunta que Martín quiere que nos planteemos? ¿Se sienten acogidos los pobres entre nosotros?" Los perros vagabundos y lastimados de Martín ciertamente se sentían muy acogidos en su sencilla celda. Eran sus pequeños hermanos y hermanas.

Sin embargo, no todos vieron la situación con los ojos de Martín. En una ocasión, el superior provincial le ordenó a Martín sacar todos los perros del convento. Un testigo cuenta que Martín, "movido de la lástima y compasión, cogía todos los que podía", y los llevó a la casa de su hermana, Juana. To-

---

47 JAB, p. 289. Juan Vásquez de Parra relató esta historia.
48 JAB, p. 289. José Pizarro, de Cusco, dio este testimonio.

das las mañanas llegaba con comida escondida bajo su hábito para darles de comer. Sin lugar a dudas, la generosidad de Juana también llegó a un límite. Se quejó porque los perros ensuciaban la casa, dejándola en total desorden. Entonces Martín los llamó a todos, "y hablando con los dichos perros les decía que en teniendo necesidad saliesen a la calle... Desde entonces los perros [ya no daban] enfado ni molestia en la dicha casa".[49] La hospitalidad para con los "sin techo" no es siempre nítida y fácil. No obstante, aún escuchamos decir: "Fui peregrino y me acogiste en tu casa" (Mateo 25, 35).

Martín también estaba a cargo de la ropería del convento, pero su paciencia fue puesta a prueba cuando se dio cuenta de que los ratones estaban comiendo la ropa de cama y las batas que usaban los enfermos. Finalmente, agarró a uno de los ratones y le dijo: "Hermano, ¿por qué haces daño, tú y tus compañeros, en la ropa de los enfermos? No te mato porque vayas y convoques a todos tus compañeros y que se vayan a la huerta, que allí les daré de comer todos los días". Tal es así que todos los días Martín llevaba las sobras de comida de la enfermería para alimentar a los ratones".[50] "Porque tuve hambre y me diste de comer" (Mateo 25, 35).

---

49 JAB, p. 292. Catalina de Porras, la hija de Juana, sobrina de Martín, relató esta historia.
50 JAB, p. 293. Otro testimonio dado por Marcelo de Ribera.

Existen cientos de historias como éstas. Nos permiten vislumbrar de cerca la visión que Martín tenía del mundo, donde el "más pequeño de mis hermanos y hermanas" fuera cuidado por medio de gestos sencillos de caridad. Martín vivió esto hasta el último día de su vida. Cuando estaba muriendo, los frailes trataron de suministrarle medicinas extraídas de animales que habían sido sacrificados. Martín, juntando fuerzas para decir unas últimas palabras en defensa *del más pequeño de éstos, mis hermanos*, preguntó, "¿Para qué mataban aquellas *criaturas de Dios,* supuesto que la voluntad divina era llegada de que él muriese?"[51]

A través de las historias de su compasión por las criaturas de Dios, Martín nos urge a "despertar" y a darnos cuenta de que también hay *pequeñas criaturas* entre nosotros hoy. Están aquí en medio de nosotros, hambrientas y sedientas, lastimadas y abandonadas. A veces son terneros o son perros, pero la mayoría de la veces son niños o refugiados que huyen de la guerra, o mujeres que se refugian en hogares para mujeres maltratadas. La palabra "criatura" se refiere no solo a los animales (una mula, un mosquito, un ratón), sino que también es utilizada para referirse a un niño, a un recién nacido, a un "pequeño". Para Martín *todos y todas* somos *criaturas* de Dios.[52] Cuando Martín abraza un

---

51 JAB, p. 294. Juan Vásquez de Parra, amigo íntimo de Martín, contó esta historia.
52 García-Rivera realiza un buen trabajo al analizar los diferentes niveles del significado que encierra la palabra *criatura* en las pequeñas historias. Ver AGR, capítulo 7, pp. 85-105.

perro herido, está abrazando también a cada *ser humano* que ha sido lastimado. Y como nos recuerdan Martín y el evangelio de su vida, cada abrazo compasivo es siempre un abrazo a Cristo: "En verdad les digo que en cuanto lo hicieron a uno de estos hermanos míos, los más pequeños, a mí me lo hicieron". Esta relación de amor espontáneo con todas las criaturas de Dios es la vida de Martín convertida en homilía; es su prédica del Evangelio de Cristo. Sin demasiadas palabras, las acciones de Martín proclaman el Reino de Dios con voz potente. Jesús dijo: "¡Felices los ojos que ven lo que ustedes ven! Pues les aseguro que muchos profetas y reyes quisieron ver lo que ustedes ven, pero no lo vieron, y oír lo que ustedes oyen, pero no lo oyeron" (Lucas 10, 23-24). La pregunta para nosotros es: *¿Vemos* lo que Martín hace y *oímos* lo que dice? *¿Vemos* a los más pequeños entre nosotros? *¿Oímos* el grito de los pobres? Y más importante aún: ¿Vemos, escuchamos y nos damos cuenta que ellos —los pobres— son Cristo?

PREGUNTAS PARA REFLEXIONAR

→ ¿Qué me dice el cariño y el amor de Martín por los animales? *¿Entiendo* lo que Martín hace a través de su "prédica por los más pequeños"?

→ ¿De qué manera el ejemplo de Martín me desafía a descubrir a Cristo en el "más pequeño de mis hermanos y hermanas"?

→ ¿Cómo puedo hacer de mi vida una homilía viva del amor de Dios por los pobres?

→ Lee Mateo 25, 31-46. ¿Dónde estoy en esta parábola? ¿Dónde está nuestro país?

→ Comparte algún tiempo con un animal, una mascota, y demuéstrale cariño y amor. Luego, cierra los ojos y envía ese amor a nuestro mundo herido.

8

EN EL JARDÍN DE DIOS

Para Martín, cada uno de los seres vivos era una manifestación de la grandeza y la belleza de Dios. Si los animales eran sus amigos, entonces la tierra, con sus muchos árboles y plantas, era su patio de juego. Martín amaba la fecundidad de la tierra, su fertilidad y su abundancia. Todo le hablaba de la gratuidad de Dios. Los jardines y huertos del claustro, tanto en el convento de Santo Domingo como en el Convento lindero de La Recoleta, eran lugares en donde Martín podía permanecer en soledad y desarrollar su creatividad, siendo testigo de los milagros de la naturaleza y de la bondad de Dios.[53] Las innumerables plantas medicinales que Martín cultivaba en los jardines eran parte de la farmacia secreta de Dios: ¡donde Martín preparaba sus medicinas gratuitas para los pobres!

---

53 Además del jardín de la clausura de su propio Convento, Martín también dedicaba tiempo para ocuparse de las plantas y orar en el jardín del Convento dominico de La Recoleta. Aquí era donde vivía su gran amigo, el Fray Juan Macías. Cuando Martín no estaba en alguno de los jardines, por lo general se lo encontraba en la enfermería, en el campanario, o en la *portería*, donde atendía las necesidades de los pobres que se acercaban para mendigar comida, medicina, curación, o simplemente para buscar a alguien que escuchara sus problemas.

Yavé Dios plantó un jardín en el Edén, al oriente donde colocó al hombre que había formado [del polvo de la tierra]. Yavé Dios hizo brotar del suelo toda clase de árboles agradables a la vista y buenos para comer, y en medio del jardín , el árbol de la vida, y el árbol de la ciencia del bien y del mal. Un río salía del Edén que regaba el jardín (Génesis 2, 8-10).

Luego me mostró el río de agua de Vida, brillando como un cristal, que brotaba del trono de Dios y del Cordero. En medio de la plaza a una y otra margen del río, está el árbol de la vida, que da fruto doce veces, una vez cada mes; y sus hojas sirven de medicina para los gentiles (Apocalipsis 22, 1-2).

Las dos citas arriba aparecen al comienzo y al final respectivamente de las escrituras judeo-cristianas. Nuestra historia de salvación comienza y termina en un jardín lleno de vida. En el Evangelio de Juan, Jesús es crucificado y resucita de entre los muertos en un jardín (19, 41; 20, 15). El jardín es el símbolo de la vida y de la muerte, y nuevamente de la vida. "Si el grano de trigo que cae en la tierra no muere, queda solo; pero, si muere, da mucho fruto" (Juan 12, 24). Martín se sentía como en casa en el jardín de Dios.

Todos los años, durante el mes de julio, Martín y su amigo Juan[54] subían los cerros al norte de Lima, a una zona denominada Los Amancaes.[55] Siempre iban allí para las celebraciones que conmemoraban la Solemnidad de San Juan el Bautista.[56]4 Para Martín, era una oportunidad de alejarse, encontrar esa soledad tan deseada y apreciar los *amancaes* dorados. Allí en las montañas Martín comulgaba con la tierra y toda su belleza. Al igual que San Francisco, Martín estaba enamorado de la Creación, pero de una manera similar a la de su pasión por los animales, el amor de Martín por la tierra estaba profundamente relacionado con su amor por los pobres.

En una de sus caminatas a la cima de los cerros de los Amancaes, Martín le pidió a Juan que lo acompañara a sembrar semillas de manzanilla en las huellas que el

54 En la mayoría de las salidas y aventuras fuera del Convento, Martín se dejaba acompañar por su fiel amigo, Juan Vásquez de Parra. Ver el capítulo 12 para más información biográfica sobre Juan.

55 El *amancae* es una flor amarilla que, en los tiempos de Martín, cubría los cerros que rodean a Lima, alcanzando su esplendor durante el mes de junio para la Solemnidad de San Juan Bautista (el 24 de junio). Éra una fiesta en la que participaba toda la ciudad, aunque es particularmente recordada en la historia por su música, baile, y animada celebración de los esclavos africanos, mulatos y zambos (hijos nacidos de un negro y un indio). Ver también JAB, p. 32. La mayoría de los sirvientes y esclavos estaban presentes durante las festividades de Amancaes, acompañando a sus amos y *patrones*. Al mismo tiempo que se celebraban las festividades "oficiales", los africanos y descendientes de africanos tenían sus propias fiestas paralelas (y aparentemente muy divertidas). Ver JAB, p. 299.

56 La provincia peruana de los frailes dominicos está bajo el patronato de San Juan Bautista; por lo tanto, el día de la festividad anual estaba llena de solemnes celebraciones en el Convento. Juan, el amigo de Martín, es quien recuerda estos paseos anuales a los cerros. JAB, p. 299.

ganado dejaba sobre la tierra húmeda. Juan comentó que le parecía bastante inútil sembrar semillas en aquel lugar, ya que el ganado no haría más que comer las plantas una vez que comenzaran a brotar. Según Juan, Martín se echó a reír, y le respondió que eso sería una buena forma de mantener las plantas podadas para que crecíeran mas fuertes en el futuro. Nuevamente, Juan trató de disuadirlo, pero esta vez Martín le dijo a su amigo que sería su tarea regresar cada dos o tres días para controlar las plantas y mantener el ganado alejado de ellas. Dice Juan en su testimonio: "A los tres días de plantado fui a aquel sitio y hallé alrededor mucho ganado y las plantas vivas, que al parecer tenían más de un año de sembradura".[57]

En otra oportunidad, mientras caminaban por los mismos cerros, Martín arrancó una rama de una higuera y la llevó hasta la cima de la colina. Allí hizo un pozo y la plantó. Dos semanas más tarde, él y Juan regresaron al lugar. "Padre", comentó Juan, "ya está brotando la higuera que plantó hace dieciocho días", a lo que Martín respondió: "Gracias a Dios dará higos a dos o tres años, y los pobres que por aquí anduvieran tendrán ese refugio de comer su fruto".[58] Para Martín, la tierra era el jardín de la abundancia de Dios –de todos y para todos– incluso para el ganado, pero sobre todo para los pobres.

57 JAB, p. 300.
58 JAB, p. 300.

El amor de Martín por la creación tiene mucho que enseñarnos en una época en que vivimos estresados por el trabajo, preocupados por ganar dinero y por ser exitosos. Con frenético ritmo de vida, perdemos muy fácilmente de vista el hecho de que Dios atiende nuestras necesidades y nos cuida con el amor y la dedicación de un jardinero. Entonces, qué hay de malo en que las vacas coman la manzanilla, decía Martín, con su despreocupado sentido del humor. ¡Tendremos vacas más saludables *y* plantas más fuertes!

> *"No se inquieten por su vida" [dice Jesús] miren los pájaros del cielo; ellos no siembran ni cosechan, ni acumulan en graneros, y sin embargo, el Padre que está en el cielo los alimenta... Miren los lirios del campo, cómo crecen; sin fatigarse ni tejer, yo les aseguro que ni Salomón en el esplendor de su gloria se vistió como uno de ellos... Busquen primero el reino de Dios y su justicia, y todo lo demás se les dará por añadidura"* (Mateo 6, 25-29.33).

Martín trabajaba intensamente, pero sabía que no dependían de él los frutos de su trabajo. Eso dependía del Señor de la cosecha. Como reza el salmista, "De Yavé es la tierra y todo cuanto encierra/el mundo y todos sus habitantes" (Salmo 24, 1).

Por esta profunda confianza en la Divina Providencia, Martín nunca abusó de la creación de Dios para alimentar su avaricia o poder. No había necesidad de cercar su propiedad privada, dejando el ganado excluido del jardín de la bondad de Dios. ¡Qué diferente es nuestra época! Las naciones luchan por proteger sus fronteras, construyendo cercos y muros de auto-esclavitud. Se financian guerras para controlar las reservas de petróleo del mundo. ¿Por qué tanta avaricia? ¿Dónde quedó nuestra confianza en Dios y entre nosotros mismos? ¿Hemos perdido de vista la gratuidad de la vida?

Hace unos años, un fraile dominico estaba visitando una comunidad de indígenas mayas en el norte de Guatemala. La tierra en esta región es exhuberante y verde, con abundantes campos de maíz y frijoles. Las casitas del pueblo estaban rodeadas de mangos, papayos, plátanos, naranjos, y desde ya, había flores de muchos colores por todos lados. El fraile, que había sido sacerdote-obrero en España, conocía las experiencias de algunas granjas cooperativas en distintos lugares del mundo, y aun así, quedó maravillado, no solo por la belleza de la tierra, sino también por lo que le parecía ser un alto nivel de producción. En una conversación con uno de los líderes de la comunidad, el fraile le preguntó: "¿Cada familia es dueña de sus propios terrenos aquí o son de toda la comunidad, y se trabajan cooperativamente?" Esperaba, por supuesto, que el campesino confirmara la segunda alternativa. Pero el indígena miró con expresión confundida al fraile, y después de un largo silencio, replicó: "¿Ser dueño de la tierra? ¿Cómo puede alguien ser dueño de su propia madre?"[59]

Dijo Jesús: "Bienaventurados los mansos, porque ellos heredarán la tierra" (Mateo 5, 5).

Nos hemos acostumbrado a una forma de vida muy diferente al designio de nuestro Creador. Miles de hectáreas de selva amzónica han sido taladas y vendidas, como si se tratara de cebollas o tomates en un mercado. El negocio agropecuario y los megaterratenientes han despojado a los pobres y a la clase media de sus tierras. Las fábricas contaminan nuestras fuentes de agua, el uranio se usa para expandir las guerras, y mientras tanto, miles de niños asmáticos se sofocan en nuestras ciudades.

Los cerros que rodean Lima hoy son desiertos áridos. No se ve ni una sola hierba de pasto en kilómetros. Ya no hay más *amancaes* dorados que anuncien la llegada de la festividad de San Juan el Bautista. Y así como las flores se marchitan y los campos se secan, de igual modo sucede con los pobres. Cuando Martín plantó su higuera en la cima de la colina, lo hizo pensando en las futuras generaciones: "Gracias a Dios dará higos a dos o tres años, y los pobres que por aquí anduvieran tendrán ese refugio de comer su fruto".

59 Un fraile dominico que trabaja en Guatemala contó esta historia al autor en 1992.

Los pobres continúan pasando por ese mismo lugar hoy, pero la higuera ya no está. Necesitamos más Martines que tengan el suficiente coraje de enamorarse de la tierra nuevamente.

PREGUNTAS PARA REFLEXIONAR

→ ¿Soy consciente de la destrucción diaria y de la venta de las tierras, producto de la avaricia en nuestro mundo?

→ ¿Qué puedo hacer para proteger la creación de Dios?

→ Volviendo a la vida de Martín, ¿cómo conectó su amor por la tierra con su amor por los pobres?

→ ¿Soy consciente de cómo la industria farmacéutica ha influido para que olvidemos las hierbas medicinales y los remedios naturales de nuestros antepasados?

→ ¿Soy capaz de recuperar esa antigua sabiduría?

→ Lee unas pocas líneas del Salmo 104 todos los días de la semana, reflexionando sobre su significado en nuestro mundo actual. Siembra una planta y cuídala como un signo del amor gratuito de Dios por nosotros.

9

LA FUENTE DE LA ORACIÓN

Cuando miramos el panorama amplio de la vida de Martín, descubrimos que el fundamento de todo fue su vida de oración. Fue la oración la que transformó a Martín de su condición de ser "hijo de padre desconocido" a ser hijo amado de Dios. Un amigo mío, Fray Herman de Porres, dominico africano-americano, que encuentra en San Martín un modelo para su vida, dice lo siguiente acerca del santo del Perú: "Sabemos que Martín fue un verdadero hermano de todos aquellos que lo conocían. Uno podría decir muchas cosas sobre su relación con el prójimo; sin embargo, fue su relación con Dios la que lo convirtió en una figura importante, digna de imitación. Cada instante de la vida de Martín fue el resultado de su íntima relación con el Maestro... con el Dios verdadero y amoroso".[60]

Después de haber comulgado [Martín] se retiraba y recogía a orar a Dios de tal suerte que, aun-

---

60 Fray Herman de Porres Johnson, OP, en *Fusion of Souls, Martin's Message*, 1998, vol. II, Nº. 2, p. 2. Ésta es una publicación del Santuario de San Martín de Porres en Memphis, Tennessee, USA.

> *que le buscasen con cuidado, no aparecía...Unas veces se metía debajo de una cátedra que estaba en la sala del Capítulo de dicho Convento, y otras en desvanes y sótanos...En una ocasión, andando buscándole por todo el dicho convento, algunos frailes... tocaron la puerta de este testigo [Francisco de Torre, quien] la abrió y dijo que no estaba dentro [Fray Martín], pero que él le buscaría... Fue en busca suya y le halló que estaba en el tejado de la iglesia en un escondido rincón que había en él, muy solitario, haciendo oración hincado de rodillas y puestas las manos con grandísima devoción, mirando a la parte donde estaba colocado el Santísimo Sacramento [dentro de la iglesia]".[61]*

La oración fue el alimento diario de Martín, lo que lo nutría. Desde su infancia había mostrado gran inclinación por el silencio y la soledad. Uno de los antepasados dominicos de Martín, el místico y teólogo medieval Meister Eckhart, dijo en una oportunidad que "El mejor y más noble de los logros en esta vida es permanecer en silencio y dejar que Dios trabaje y hable en nuestro interior". Y nuevamente, Eckhart agregó: "Si Jesús ha de hablar en el alma, ella debe permanecer en soledad y en silencio".[62]

---

61 JAB, pp. 209, 224. Compilación de tres testimonios por separado.
3. Meister Eckhart, OP, en *Meister Eckhart: Sermons and Treatises,* editado y traducido por Maurice O'C. Walshe, Shaftesbury, Element Books, 1979, sermón 1 y 6, pp. 6, 59.
62 Catalina de Siena, OP, citada en Guiliana Cavallini, *Things Visible and Invisible* traducción por Mary Jeremiah, OP, Nueva York, Alba House, 1996, p. 26.

Martín conocía esta necesidad de silencio y soledad con Dios casi instintivamente. Era un don que Dios le había otorgado, a pesar de que no todos lo comprendían. No era común en los tiempos de Martín que los *donados* y hermanos legos asistieran a misa y recibieran la comunión todos los días. Esto significaba que los *días de comunión* eran días especiales, los domingos y las festividades solemnes. Martín celebraba estas festividades pasando el día escondido en silenciosa oración con Dios. Después de recibir la Eucaristía con sus hermanos en la misa conventual, parecía ser natural para él ir y poner en práctica las palabras del Salmo: "Gustad y ved cuán bueno es el Señor" (34, 8).

En la tradición dominica, de la cual Martín formaba parte, toda actividad, incluidas la predicación y las obras de caridad, debía fluir de la contemplación. El lema de la Orden, *Contemplari et contemplata aliis tradere*, significa "Contempla y comparte con los demás aquello que has contemplado". La intensa actividad apostólica y el servicio de caridad de Martín para con los pobres estaban intensamente enraizados en una vida de oración y contemplación. Sin una de ellas es difícil lograr la otra. Otra gran dominica, Santa Catalina de Siena, escribió a un amigo sobre la necesidad de ser fiel a la contemplación y al servicio amoroso: "Debes caminar, no con uno, sino con los dos pies", le aconsejó.[4] En su propia oración, Dios le había dicho a Catalina: "El amor a mí y el amor al prójimo son una sola cosa".[63]

Entender la intensa vida de oración de Martín como *uno* de los dos pies sobre los cuales caminaba nos ayuda a traducir su vida santa en una vida espiritual realizable y saludable para nosotros. No es que Martín *se escapaba* de los frailes o de los pobres para esconderse y rezar. Escaparnos del mundo no nos hace contemplativos. Como le dijo Dios a Catalina de Siena: "El amor a mí y el amor al prójimo son una sola cosa".

Para Martín, recibir el Cuerpo de Cristo en la Eucaristía parecía llegar a su plenitud si luego podía retirarse en soledad para poder amar a Dios y a los pobres en el silencio de su corazón. Encontraba en la soledad al mismo pobre con quien compartiría más tarde el pan. Su silencio y su soledad eran su medio de comunión íntima con Dios y con el mundo. El pan que compartía con los pobres era simplemente una continuación de la celebración eucarística. En la oración silenciosa de Martín, estas dos dimensiones, que a menudo se separan, estaban íntimamente unidas.

Con frecuencia nosotros también experimentamos una separación entre la práctica litúrgica de nuestra fe y nuestro compromiso con la justicia. Bartolomé de las Casas, OP, quien denunció vigorosamente la conquista y la masacre de los indios y loa africanos en

---

63 Catalina de Siena, OP, en Mary O'Driscoll, OP, *Catherine of Siena: Passion for Truth, Compassion for Humanity,* Nueva York, New City Press, 1993, pp. 115-116.

la América colonial, dijo una vez, al hablar del vínculo entre la Eucaristía y los pobres: "Ellos no pueden
celebrar la Eucaristía con el pan que ha sido amasado
por las manos de hermanos esclavos". Y, a un obispo
que nada hacía para unir su fe con la justicia, Las
Casas agregó: "Comes y bebes la sangre de tu propio
rebaño".[64] San Pablo también estableció claramente
una conexión entre la Eucaristía y el pueblo de Dios:

> *"El pan que partimos, ¿no es la participación
> en el cuerpo de Cristo? Puesto que el pan es
> uno, nosotros, que somos muchos, somos un
> cuerpo; pues todos participamos del mismo
> pan"* (1 Corintios 10, 16-17).

Cuando Martín se arrodillaba en soledad en el al-
tillo de la iglesia del Convento, mirando hacia el San-
tísimo Sacramento, abrazaba al mundo entero con
la inmensidad de su corazón. En su contemplación,
los pobres también gustaban y veían que el Señor era
bueno. Fray Fernando Aragonés, el enfermero del
convento, testificó que: "Estaban tan unidas las dos
virtudes de vida activa y contemplativa, que cuando
se ejercitaba en la caridad, sirviendo a los enfermos,
traía su espíritu recogido, compuesto y devoto, porque tenía tan presente a su Creador, tratando y con-

---

64 Bartolomé de las Casas, *History of the Indies (Historia de las Indias)*, traducida y
editada por Andrée Collard, Nueva York, Harper & Row, 1971, III, p. 286.

versando con Él en su alma… en la simplicidad de sus palabras y obras".[65]

Giuliana Cavallini, biógrafa de las vidas de San Martín y de Santa Catalina de Siena, se sirve de la historia de la visita de Jesús a la casa de Marta y María (Lc. 10, 38-42) para captar bellamente el equilibrio que mantuvo unidas en la vida de Martín la contemplación y la compasión: "En el corazón de Martín, Marta y María nunca discutían, porque María acompañaba a Marta siempre y a todas partes. Pero cuando Marta terminaba su trabajo, María tomaba a Martín de la mano y lo llevaba a un lugar apartado donde pudiera disfrutar de la presencia del Señor, solo… La soledad atraía a Martín como un imán".[66]

Cavallini se expresa con profunda intuición cuando dice, "María acompañaba a Marta siempre". En otras palabras, Fray Martín pasaba largas horas de servicio incansable a los pobres: en las calles de Malambo, cuidando a los enfermos en la enfermería, dando de comer a los ratones del jardín, curando los perros heridos, visitando a los esclavos africanos, plantando higueras para los pobres; todo esto mientras su corazón permanecía recogido en silenciosa adoración. La verdad es que *siempre* se refugiaba en el corazón silencioso del amor de Dios, incluso en el transcurso de largas y agotadoras jornadas de servicio apostólico.

---

65 JAB, p. 352. Testimonio dado por Fray Fernando Aragonés.
66 CAV, p. 153.

Nunca dejó de inspirar la presencia de Dios, y nunca cesó de expirar la compasión ... Era una sola cosa para Martín: su vida misma.

PREGUNTAS PARA REFLEXIONAR

- → ¿Cómo rezo?
- → ¿Lucho por tratar de encontrar un equilibrio en mi vida entre el estar presente para Dios y el servicio a los pobres y necesitados?
- → ¿Cómo podría abrazar a los pobres en la infinitud de mi corazón mientras oro?
- → Recorta una foto de alguna persona que haya sido publicada en un diario, y luego dedica unos minutos a rezar por esa persona y por todos aquellos que se encuentran en condiciones semejantes.
- → ¿Qué cosas prácticas puedo hacer para permanecer "en recogimiento" a lo largo del día?
- → Experimenta haciendo silencio durante quince minutos todos los días. Durante ese tiempo de silencio, se consciente de tu respiración. Al inspirar, recibe al Espíritu Santo que viene a llenar todo tu ser (Juan 20, 22), y al expirar, envías compasión al mundo. Practica esta respiración consciente a lo largo del día.

10

UNA MESA CON LUGAR PARA TODOS

Martín sabía lo que significaba que se rieran de uno y lo discriminaran. Desde el comienzo de la conquista, los intelectuales europeos debatían el tema de si los indios, africanos y mulatos en América eran *verdaderos* seres humanos. Sin duda esto suscitaba un dilema de fe para muchas de las víctimas de la discriminación. Se preguntaban si podían aceptar al Dios de una religión que aprobaba la guerra, la violencia y la esclavitud de gente inocente. Existe una historia relatada por Fray Bartolomé de las Casas acerca de un indio que preguntó si los españoles iban al cielo. Cuando le dijeron que "sí", éste respondió que, siendo así, él prefería ir a otro lugar. No obstante, Martín encontró en los brazos abiertos del Cristo crucificado a un Dios cuyo amor no conoce límites, y cuya mesa es lo suficientemente grande para que el mundo entero se siente y coma en ella.

Uno de los frailes del Convento de Martín entró a una habitación próxima a la cocina y observó algo extraño. A los pies de Martín había un perro y un gato comiendo pacíficamente del mis-

mo plato. De repente, un pequeño ratón asomó su cabeza de un agujero en la pared. Martín, sin vacilar, le habló al ratón: "No temas, ratoncito, si tienes hambre, ven y come con los demás". El ratón titubeó pero luego se precipitó sobre el plato del cual estaban comiendo el perro y el gato. El fraile que estaba observando todo esto no podía creerlo. Allí, ante sus ojos, a los pies del mulato San Martín, un perro, un gato y un ratón estaban comiendo del mismo plato, enemigos naturales comiendo pacíficamente uno al lado del otro.[67]

García Rivera admite que estas *pequeñas historias* de la vida de Martín a menudo engañan a los especialistas, dando la impresión de que están dirigidas a niños. Esto es poco afortunado. Es verdad que el camino que siguió Martín hacia Dios era como un *caminito,* un sendero de fe simple y sencilla, no tan diferente del de la conocida carmelita francesa, Santa Teresita de Lisieux. No obstante, no se debe confundir la espiritualidad sencilla de ambos con la fe de un niño, que carece de profundidad. Muy por el contrario. El pequeño camino de estos dos santos —cristalino y transparente como agua de primavera— despliega una serie de anécdotas que en su conjunto conforman una narración, en cierto modo, similar a

---

67 AGR, p. 4. El jefe del hospital, Fernando Aragonés, dio este testimonio.

las parábolas de Jesús. Estos dos santos nos invitan a una respuesta de fe que compromete tanto el corazón como la mente. Al igual que las parábolas de Jesús, las historias de la vida de Martín están envueltas de verdad evangélica. Su simplicidad constituye su fuerza.

Un día una mujer cananea se acercó a Jesús y le rogó que curara a su hija, que estaba atormentada por un demonio. Los cananeos no eran judíos. Ella era pagana, no creyente. Se suponía que Jesús no hablaba con personas como ella. Al principio, rechazó su pedido, diciendo: "No he sido enviado sino a las ovejas perdidas de la casa de Israel". En otras palabras: "Eres de una tribu diferente, no te puedo ayudar". Luego, usando una frase dura, le dijo: "No está bien tomar el pan de los hijos (el pan de los judíos) y echarlo a los perros (los paganos)".[68] Preocupada por su hija enferma, no tuvo otra opción más que insistir: "Cierto, Señor, pero también los perros comen las migajas que caen de la mesa de sus amos". Jesús quedó sin palabras: "Mujer, grande es tu fe. Que te suceda como quieras". Desde aquel momento, la niña quedó sana (cf. Mateo 15, 21-28).

---

68 Llama la atención que los judíos usaban la misma palabra degradante ("perros") para dirigirse a los paganos que la que se usaba con Martín, a quien llamaban con frecuencia "perro mulato".

Si hay una historia del Evangelio que muestra cómo Jesús creció y cambió durante sus años de ministerio público, ésta es una de ellas. Esta historia es de vital importancia si pretendemos entender toda la vida de Jesús: su mensaje, la Última Cena, su muerte y resurrección. Él vivió dentro de una cultura y religión que veía a los paganos como enemigos, no creyentes, ateos, no tan diferente a como eran vistos los indios y africanos durante los años de la colonización europea en América.

El gran *milagro* en esta historia es que Jesús finalmente "comparte el pan" con la mujer cananea. La sana a ella y también a su hija, estableciendo una auténtica *comunión* con ellas, ofreciéndoles el don de la vida y el amor. Jesús no las rechaza por sus diferencias religiosas, ni tampoco les echa unas simples migajas, como uno haría con un perro. Las invita a sentarse en la mesa del amor de Dios.

Esto enfureció a los líderes religiosos de la época, pues se los había despojado de la plataforma de poder y dominio que los sostenía. Esto se ve claramente en otra ocasión, cuando Jesús comía en la casa de Mateo, rodeado de gente cuya pureza religiosa era cuestionable. Los fariseos, sumamente molestos, exigieron una explicación por parte de sus discípulos: "¿Por qué su maestro come con publicanos y pecadores?" (Mateo 9, 11). Para Jesús, esto no representaba ningún problema, porque era el amor, no la pureza, el principio fundamental de su ministerio.

Eso es exactamente lo que ocurre en la *pequeña historia* de Martín, cuando invita a comer del mismo plato al perro, al gato y al ratón. Abrió un espacio dentro de su corazón de siervo para los marginados, compartiendo el pan con ellos. Ésta no es una historia infantil. Es el Evangelio de Cristo, puro y simple. Es una historia sobre el amor inclusivo de Dios para todos por igual, una historia que rompe las barreras que nos separan los unos de los otros. No sólo el perro, el gato y el ratón comen juntos, sino que el mismo Martín es parte de esa mesa de comunión. Es el anfitrión del banquete.

Para San Pablo y sus discípulos, acoger a los Gentiles —los extraños— en la familia de Dios era una de las grandes luces liberadoras del Evangelio: "Más ahora en Cristo Jesús, ustedes, los que en otro tiempo estaban lejos, han llegado a estar cerca por la sangre del Cristo. Porque Él es nuestra paz; en su carne, ha hecho de los dos pueblos uno solo, derribando el muro que los separaba" (Efesios 2, 13-14). En Cristo, ya no hay más muros ni migajas arrojadas a los perros (o a los ratones, ¡o a quien sea!).

Martín comprendió la verdad del Evangelio con cada fibra de su ser. La mesa de Dios es para todos, para cada una de las criaturas que vive bajo el cielo. Martín mismo era un marginado social, pero también sabía que, en Cristo, estaba sentado con dignidad a la mesa del banquete del Reino de Dios (cf. Lc. 14, 21).

¿Qué podemos decir de nuestro mundo actual? ¿Qué diría Martín de los países que gastan millonadas en dietas para adelgazar, mientras que millones de personas mueren de hambre? ¿Quién está ausente de la mesa común del amor?

En el mundo globilazado de hoy, donde las cosechas son levantadas y procesadas mayormente por inmigrantes, y los restaurantes, hoteles y baños públicos son atendidos y aseados por inmigrantes, ¿cómo se les puede negar un lugar en la mesa de la justicia? El espíritu de acogida y justicia debe comenzar con nosotros, que nos llamamos seguidores de Jesús. Los obispos católicos de México y los Estados Unidos escribieron una carta conjunta, haciéndose eco de las palabras del Papa Juan Pablo II:

> *En la Iglesia nadie es un extraño... [Nosotros] acogemos a todas las personas con alegría, caridad y esperanza —cualquiera sea su raza, su cultura, su idioma, y nación...— Estamos con ustedes, hermanos y hermanas inmigrantes, y continuaremos —en nombre de ustedes—luchando por políticas migratorias justas y equitativas.*[69]

¿Y qué podemos decir de la comunidad de religiones del mundo? ¿Nos sentamos en la mesa del diálogo

---

[69] Los Obispos de México y los Estados Unidos, *Strangers No Longer: Together on a Journey of Hope,* enero de 2003, N.º 103-106. La carta fue publicada en *Origins* (6 de febrero de 2003).

y del respeto mutuo con los protestantes, judíos, budistas, hindúes, musulmanes, y otros? ¿Oramos con las personas que son de otras tradiciones religiosas? La hermana Pascaline Coff, OSB comenta que el diálogo con personas de otras religiones es "una forma de practicar la hospitalidad... reconociendo lo Divino en el otro".[70]

Esto fue lo que hizo Jesús con la mujer cananea, y lo que hizo Martín con el ratón: les ofrecieron hospitalidad: "Era forastero y me recibieron" (Mateo 25, 35). Dorothy Day, co-fundadora del Movimiento de Trabajadores Católicos en los Estados Unidos, dijo que ofrecemos hospitalidad a los pobres "no porque *podrían* ser Cristo... sino porque *son* Cristo... Comenzamos amándolos por Cristo pero pronto los amamos por ellos mismos, a cada uno como persona única".[71]

Entonces, ¿cómo ofrecemos hospitalidad a todas aquellas personas que "no encajan" en las categorías dominantes y aceptables que establece nuestro mundo? ¿Los discapacitados son visibles en nuestro mundo? ¿Dónde están los enfermos mentales? ¿Se le ofrece un amparo seguro al refugiado político? ¿Sabemos que los criminales son seres humanos, y que necesitan un lugar para curarse y rehabilitarse? La Madre Teresa

---

70 Pascaline Coff, OSB, *"Merton's Message for Comtemporary Contemplatives"*. Charla dada en la cena anual en memoria de Thomas Merton en Tulsa, Oklahoma (4 de diciembre de 2003).
71 Dorothy Day, *"An Appetite for God"*, por Patrick Jordan, *Commonweal* (24 de octubre de 1997), p. 15.

de Calcuta dijo en una oportunidad, después de visitar a los hombres condenados a la Pena de muerte en la prisión de San Quentin en California: "Lo que les hacen a estos hombres, se lo hacen a Dios".

¿Y nuestras iglesias, sinagogas y templos? ¿Quiénes están faltando? ¿Quién no se siente bienvenido? ¿Hay un lugar para los sordos en nuestros servicios religiosos? Aquellos que han pasado por un divorcio, ¿saben que tienen un lugar en la mesa de la Eucaristía? ¿Y los homosexuales y las lesbianas? ¿Les arrojamos migajas como si fueran perros? ¿Dónde están las madres y padres solteros? ¿Y las adolescentes embarazadas? ¿Los ancianos? ¿Están todos ellos sentados a la mesa?

Hace varios años, un hombre de mediana edad que estaba muriendo de SIDA, se dirigió a un hospicio católico que contaba con cuidado especial para quienes padecieran esta enfermedad. Había vivido en la calle durante muchos años; estaba sucio, hambriento y dolorido. Lo bañaron, le dieron una cama limpia, comida y buena atención. Aunque había sido un católico practicante durante muchos años, su vida transitó rumbos inesperados que lo alejaron de la fe. Un día, se levantó de su cama y fue a la capilla para la misa. Había pasado un largo tiempo, pero de pronto, quiso volver a *ver* a Dios. Escuchó la homilía del sacerdote y se sintió feliz de estar una vez más en la casa de Dios, a salvo de la violencia de la calle. Llegó el momento de la Comunión, y ayudado por su bastón, hizo la fila para recibir el Cuerpo y la Sangre de Cristo. Cuando ya casi había llegado hasta el sacerdote, alguien lo tomó del brazo y lo hizo a un lado de la fila, advirtiéndole que no estaba preparado para recibir al Señor, y que primero necesitaba confesarse. El hombre volvió a su asiento, triste y confundido. ¡Había anhelado tanto volver a *ver* a Dios![72]

> Martín, sin vacilar, habló al ratón: *"No temas, ratoncito. Si tienes hambre, ven y come junto a los demás".*

PREGUNTAS PARA REFLEXIONAR

→ Haz una lista con las personas que conozcas que se sienten "apartadas, descuidadas, olvidadas, discriminadas o no tenidas en cuenta".

→ Tómate algún tiempo para rezar por ellas.

→ Lee uno de los siguientes textos, o ambos: Mateo 15, 21-28 o Lucas 14, 14-24. ¿Qué dicen estos textos acerca de la "Mesa de Dios"?

→ ¿De qué modo nuestra nación excluye o incluye a las personas en la mesa de la justicia?

→ ¿Cómo puedo yo ayudar para hacer que al menos una persona se sienta mejor acogida en la "mesa del Señor"?

72 Una historia verídica.

11

MAESTRO DE LA NO VIOLENCIA

"Dios creó al mundo en maravillosa diversidad, un jardín de fecundas asimetrías".[73] Desgraciadamente, no todos experimentan este jardín de diversidad como algo tan "maravilloso". El color de la piel de Martín propició el chivo expiatorio necesario para que determinadas personas proyectaran hacia Martín el odio a sí mismas. Hitler, por supuesto, convirtió esta enfermedad en un arte, y lo vemos en nuestro días todas las veces que las naciones, religiones y partidos políticos se demonizan entre sí, toda vez que las leyes anti-inmigrantes colocan al forastero en una categoría social inferior. El odio se disfraza de muchas formas. Sin embargo, Martín de Porres se rehusó a participar en el juego del odio. Se negó a responder a la violencia con más violencia. En cambio, nos enseñó el camino para desarmar nuestro odio a través de la práctica del amor.

Algunos religiosos le trataban [a Martín] mal de palabra, diciéndole que era un 'perro mulato' y otras cosas que pudieran causarle alguna altera-

---

73 AGR, p. 100.

> *ción y provocarle el enojo. No solamente no tuvo [odio], sino que con el semblante alegre y risueño les respondía con mucha humildad [diciendo]... que le conocían bien, y les servía con más amor y voluntad a aquellos que le injuriaban.*[74]

Este es un ejemplo de cómo las "pequeñas historias" sobre la vida de Martín pueden cambiar al mundo. Es una verdadera tragedia que, durante muchos siglos, las historias en que Martín es llamado *"perro mulato"* (bastante numerosas, por cierto) hayan sido relatadas como si Martín hubiera sugerido que los oprimidos agachasen la cabeza y aceptasen las riendas del látigo del amo con total sumisión. Leer estas historias de esta manera es clavar un puñal en el corazón mismo de Martín de Porres, pues nada está más lejos de la verdad. Toda su vida transcurrió sacando de la violencia y del odio a los hijos de Dios pobres y maltratados.

Otros sencillamente pasan por alto estas incómodas historias de Martín agradeciendo que lo hayan tratado como un perro. No podemos ser fieles a Martín si ignoramos estas historias, descalificándolas como simples ejemplos de una antigua sumisión enfermiza. Este enfoque favorece la caricatura de Martín como títere ignorante de una religión opresiva, y peor aún, desestima la fuerza poderosa que,

74 JAB, p. 179. Contado por Antonio Gutiérrez, OP.

como una semilla, se encuentra oculta en las historias mismas.

Martín no fue un títere. Estaba tan encendido del amor que fue capaz de enfrentar al enemigo con paciencia, hasta lograr que finalmente se rindiera al poder del amor. Esta es la clave de la práctica de la no violencia. Mucho antes que Mahatma Gandhi y Martin Luther King Jr. sistematizaran la filosofía y la práctica de la no-violencia activa —lo que Gandhi denominó *ahimsa*— Martín ya había aprendido los fundamentos de esta práctica espiriual durante sus diálogos con el Cristo misericordioso de la cruz, y en su escucha orante del Evangelio. Las palabras de Jesús fueron lo suficientemente claras: "Les doy un nuevo mandamiento: que se amen unos a otros. Tal como yo los he amado, así también deben amarse los unos a los otros" (Juan 13, 34).

Amar *como Jesús amó;* Martín sabía que esta no era tarea fácil. No obstante, se esforzó día a día para poner en práctica este *nuevo* mandamiento de su Cristo misericordioso. Muchos años más tarde, otro defensor de la no violencia, César Chávez, quien pasó su vida luchando en nombre de los campesinos pobres en los EE.UU., habló del precio que uno paga cuando se compromete con este camino: "La no violencia exige un precio muy alto a aquel que la practica... Hay que poner más agallas que violencia, para decirlo de manera categórica". Martín puso agallas y una resistencia paciente, que lo capacitó para poder mirar a los ojos llenos de odio de quienes lo llamaban "perro mulato" y ofrecerles la sanación que proviene de un amor auténtico y comprensivo. Nuevamente, en las palabras de Chávez, "La no-violencia activa constituye una fuerza muy potente que no puede ser detenida... Si tenemos la capacidad de perseverar, si tenemos paciencia, las cosas cambiarán".[75]

Solo podremos entender las extrañas respuestas de Martín a la violencia infligida sobre él y los demás si miramos a Martín como un maestro, como alguien que usó la práctica de la no-violencia y la resistencia paciente para enseñar a los demás que *tiene que haber otro camino.* Martín, por supuesto, se reiría si nos escuchara llamarlo "maestro", tal como le pasaría si se lo llamara "predicador". No tenía semejantes pretensiones. Pero eso es precisamente lo que fue. Refregó baños en vez de pasar sus días en el palacio del arzobispado, precisamente para *enseñarle* al Padre Juan a reevaluar las prioridades en su propia vida. Martín preparó una ensalada de alcaparras para el Padre Pedro Montes de Oca, quien lo había llamado "perro mulato y un par de cosas más", para conducirlo a una nueva forma de encaminar su enojo. Todo aquel que viva o haya vivido en comunidad o en matrimonio sabe que practicar la

---

75 El uso de las citas de César Chávez está autorizado por la Fundación César Chávez, OP. Casilla de Correo 62, Keene, California 93531.
Martin Luther King Jr., *Strength to Love.*

no-violencia ante las pequeñas "violencias" de la vida diaria no es un camino fácil. A Martín no le gustaba el ser tratado como animal, de la misma manera que Jesús no disfrutó el ser crucificado. No obstante, ambos tuvieron "la capacidad de perseverar" con la esperanza y confianza de que el amor finalmente triunfaría.

A nuestros más feroces enemigos, les decimos: Igualaremos su capacidad de infligir sufrimiento con nuestra capacidad de resistir al sufrimiento. Enfrentaremos su fuerza física con la fuerza del alma. Hágannos lo que quieran, nosotros seguiremos amándolos... Arrójennos a la cárcel, los seguiremos amando. Envíen sus perpetradores de violencia encapuchados a nuestra comunidad a media noche y golpéeno dejándonos moribundos y aún los seguiremos amando. Algún día ganaremos la libertad, pero no sólo para nosotros mismos. Apelaremos de tal manera a sus corazones y a su conciencia que los ganaremos a ustedes en el proceso.[76]

Estas palabras son de *otro Martín* –Martín Luther King, Jr– y revelan maravillosamente el poder oculto

---

76 Limatambo era un lugar donde los frailes ancianos iban a descansar y recuperarse de sus enfermedades, y donde los novicios disfrutaban de un respiro de los rigores de la vida conventual. Los trabajadores, muchos de los cuales eran negros, aguardaban ansiosos las frecuentes visitas de Martín como fuente de gran alegría. Martín era uno más de ellos, y lo respetaban como a un padre. Martín sanaba sus heridas, los corregía de sus errores cuando era necesario, los educaba en la fe católica, y mediaba en las peleas de familia. También se reunía con ellos cuando celebraban sus *fiestas*.

en la práctica de la no-violencia. Es un camino espiritual encarnado en el amor, y su único objetivo es ganarle al enemigo con el amor. Como cuenta el relato al inicio de este capítulo: "*Martín servía con más amor y voluntad a aquellos que le injuriaban*".

Limatambo era una extensa *hacienda,* propiedad de los dominicos en las afueras de Lima.[77] Martín pasaba mucho tiempo allí sembrando hierbas medicinales y olivas, y visitando también a los indios pobres y los trabajadores africanos que vivían allí. Una noche, unos frailes encontraron a Martín en el establo, alimentando las mulas y los bueyes. Le dijeron, "que dejase (el trabajo), que negros había que lo hiciesen". Martín les respondió que "los negros estaban cansados y estos animales han trabajado más que yo y han ganado la comida, y es falta de caridad no dársela. Yo no la he ganado, ni la merezco porque no he hecho hoy nada en servicio de Dios, y así hago esto, para que no se pase el día sin hacer algo en su santo servicio".[78]

Este es Martín, el maestro del amor no-violento en su máxima expresión. Él podía haber regañado a los frailes, llamándolos "imbéciles racistas" o servidores inútiles del Evangelio. Después de todo, ¿no dicen las Escrituras: "Ojo por ojo, diente por diente"? (Éxodo 21, 24). Lo que Martín hacía, en cambio, era actuar

77 JAB, p. 281.
78 JAB, p. 281.

de tal manera que su ejemplo pudiera servir como enseñanza del amor. Gandhi decía frecuentemente que la no-violencia no se trataba de vencer al enemigo, sino por el contrario, invitarlos a la conversión.[79] Los frailes que encontraron a Martín en el establo aquella noche sabían muy bien que él había hecho mucho para servir a Dios aquel día. Martín, en cambio, jugaba un juego secreto con ellos, *provocándolos* a la conversión: "Hago esto para que el día no pase sin que yo haya hecho algo para servir a Dios". El corazón de Martín sonrió al pronunciar estas palabras, porque ¿quienes estaban dejando pasar el día sin hacer algo sagrado para Dios? Martín era un maestro sabio; quería atraer los corazones de sus hermanos hacia la "trampa del amor". Como dijo el "otro Martín" muchos años después, con gran elocuencia: "Apelaremos de tal manera a sus corazones y su conciencia que los ganaremos a ustedes en el proceso". En la última instancia, todo se resume en el amor.

PREGUNTAS PARA REFLEXIONAR

→ Lee Mateo 5, 38-48. En la medida de lo posible, dedica algún tiempo a esta enseñanza fundamental de Jesús (que es parte del Sermón de la Montaña),

---

79 Mahatma Gandhi, citado de *Gandhi on Non-violence: A Selection from the Writings of Mahatma Gandhi*, Thomas Merton, New York, New Directions, 1964, pp. 25, 33.

y a modo de seguimiento, escribe algunas reflexiones al respecto.

→ ¿Qué te dice Jesús? ¿Cuáles son las consecuencias de esta enseñanza para nosotros hoy?

→ ¿Existe algún "enemigo" que va dando vueltas en tu vida en estos días, a quien necesitas dar una nueva oportunidad?

→ ¿Cómo pueden las naciones que fabrican y venden armas responder a esta enseñanza de Jesús?

→ ¿Qué significaría amar a delincuentes violentos, incluso a terroristas?

→ ¿Cómo podemos amar a los que odian, y así tratar de conducirlos a la conversión?

→ Vuelve a leer la cita de Martin Luther King Jr., terminando tu tiempo de reflexión con una oración.

12

PADRE Y AMIGO ESPIRITUAL

A pesar de que Martín no era sacerdote (y por eso lo llamaban "*Fray Martín*"), había mucha gente que insistía en llamarlo "padre". Una vez, durante una visita a unas haciendas cerca de Limatambo, unos indios se acercaron y le preguntaron si podía celebrar una misa en memoria de los padres y abuelos fallecidos. Martín inmediatamente dijo: "Hijos, yo no soy de misa", a lo que los indios respondieron: "No importa, Padre, que de ti estamos enterados que las mandarás decir".[80] La verdad es que Martín *tenía mucho de padre*. Él entregaba su vida como regalo de amor para con los demás. Él que había sido "hijo de padre desconocido" se convirtió en padre espiritual de muchos.

Fray Martín fue un hombre de gran caridad, que... curaba a sus hermanos religiosos cuando estaban enfermos, pero también los asistía en la inmensa tarea de derramar el Gran Amor del mundo. Por esto, ellos lo veían como su padre y consuelo, y lo llamaban "padre de los pobres".

> *Además, cuidaba a los laicos fuera [del convento] de todos los estados de vida, curándoles los dolores, las heridas e inflamaciones... y por ese motivo, una gran cantidad de personas lo buscaban y todos encontraban en él ayuda: los enfermos, alivio; los afligidos, consuelo; y los demás, hallaban un refugio. Él hacía esto con mucha voluntad; su semblante, feliz y sosegado* (Fray Antonio Gutiérrez, OP).[81]

En los primeros siglos de la Iglesia, muchos hombres y mujeres se retiraron al desierto a vivir vidas austeras de penitencia y oración, siendo el más conocido de ellos Antonio de Egipto. Estos "padres y madres del desierto" buscaban sencillez y soledad, para poder vivir el Evangelio de manera radical, como un signo de la venida del Reino de Dios. Era común que los cristianos que ansiaban vivir una vida más profunda de oración y discipulado buscaran a estos padres y madres del desierto para procurar consejo y guía en el camino espiritual. Martín, aunque jamás lo habría admitido, era un "padre espiritual", según esta antigua tradición del desierto. Su amor y sabiduría alimentaban y guiaban a los demás a lo largo del camino de la vida.

Martín siempre llamaba a los negros y a los indios sus "hijos", y debido a este amor filial, a menudo se encontraba en situaciones en las que tenía que pro-

---

81 AGR, p. 2. Este testimonio fue dado como parte del proceso de beatificación de Martín. JAB, p. 124.

teger y defender a los pobres, así como hacen los padres y madres con sus hijos. Un día alguien robó el colchón y la frazada de un negro que era uno de los ayudantes de Martín en la enfermería.

Al enterarse de esto, el siervo de Dios ordenó de inmediato: "Aguardadme aquí", y luego fue directo a la celda de uno de los frailes, donde encontró los objetos robados. Martín llamó la atención al fraile por no vigilar mejor al otro sirviente del Convento que había robado las cosas, diciéndole: "Padre, si su muchacho no tiene cama, cómpresela usted, y no vaya el muchacho a hurtarle la cama al negro". Luego sacó el colchón y se lo devolvió a su ayudante.[82]

El amigo de Martín, Juan Vásquez, cuenta otra historia acerca de dos delincuentes que se refugiaron en el Convento para tratar de evitar el arresto inminente por parte de la Corte Real. Pero los oficiales finalmente sospecharon que los dos hombres podrían estar escondidos en el sótano del Convento, debajo de la cocina de la enfermería. Al respecto, Juan comenta:

> *A las dos y media de la tarde, entró Don Cristóbal de la Cerda, alcalde de Corte de la Real Audiencia de Lima, a buscar dos delicuentes que estaban en los sótanos que están debajo de la cocina de la enfermería... Los delicuentes tuvieron noticia que iban en busca suya... y fuéronse*

82 JAB, p. 282.

> *a la celda del venerable fray Martín, diciendo, "Padre, por amor de Dios, que nos socorra, que viene la Justicia tras nosotros y ya está aquí". A que respondió el siervo de Dios: "Vengan aquí e hínquense de rodillas y emcomiéndense a Dios". Apenas se hincaron de rodillas, cuando entró el Alcalde...a donde estaban los delincuentes y el Padre fray Martín hincado de rodillas, y poniéndose delante de ellos, el Señor Alcalde de Corte dijo a los ministros: "Miren esos colchones, si están por ahí", y eran los tres cuerpos de colchones, y se salió de allí, visto que no había nada, cuando [en realidad] los tenía debajo de los pies".[83]*

Milagrosamente Dios se apiadó de ellos (¡haciéndolos invisibles!).

En sus comentarios acerca de este incidente, Busto menciona que Martín actuaba en defensa del derecho al asilo religioso. El oficial de la Corte, observa, lejos de ejercer su autoridad, estaba en realidad abusando de la misma, al entrar ilegalmente a un lugar sagrado. A pesar de que no existe registro alguno de las palabras que Martín dijo a los hombres que fueron milagrosamente salvados por Dios, podemos estar seguros de que les hizo saber que ¡la próxima vez tendrían que arreglárselas solos! Sin embargo, después de tan poderosa experiencia de la misericor-

---

83 JAB, p. 284.

dia divina, y gracias a la ayuda del "Padre Martín", probablemente no hubo ninguna "próxima vez".

Otro hecho muestra el profundo respeto que algunas personas pertenecientes a la clase alta de Lima le tenían a Martín. El Doctor Baltazar Carranza de Orozco, español, y abogado de la Corte Real, fue uno de ellos. Su reverencia y amor por Martín eran tan grandes que, durante varios años, le rogó que lo aceptara como su hijo espiritual, y le permitiera llamarlo "Padre Martín". Por mucho tiempo, Martín se rehusó diciendo en su particular estilo: "¿Por qué habría usted de querer un mulato por padre?" El doctor fue tan insistente que Martín finalmente cedió a su pedido. Días más tarde, al encontrar al Doctor Carranza en la sacristía, caminó hacia él, lo abrazó y lo llamó "hijo". Luego, con un dejo de humor, Martín agregó que eso significaba, entonces, que los hijos del doctor eran también sus nietos. El Doctor Carranza atestiguó que, del año 1628 en adelante, "nuestra amistad continuó creciendo".[84]

El amigo laico más íntimo de Martín parece haber sido su ayudante y compañero de viaje, Juan Vásquez de Parra, quien había nacido en España y llegado a América en 1635 con su padre, un oficial de la Santa Inquisición. Su padre murió poco tiempo después de su llegada a Lima, dejando a Juan a su suerte con

---

84 JAB, p. 180. El Doctor Carranza dio este testimonio.

solo catorce años de edad. Poco después, Martín lo descubrió vagando por el cementerio del convento, "pobre y harapiento". Lo llevó de inmediato a su celda y le dio una camisa limpia. Después le comunicó al joven que era bienvenido y que podría comer en el convento y dormir en la ropería que estaba próxima a su celda. Al mismo tiempo lo invitó a pasar algunos días recorriendo el Convento para ver si había algún oficio que le gustara aprender. Juan, a quien Martín afectuosamente apodó "Juancho", pronto le hizo saber que quería ser barbero-cirujano, como Martín, y así comenzó a florecer una amistad que llegó a ser una gran bendición durante los tres o cuatro últimos años de la vida de Martín.

Juan siempre llamó a Martín "Padre", y sin duda Martín lo cuidó como a un hijo. Cuando uno mira hacia atrás y observa el don de esta amistad en el contexto de la vida de Martín, no puede evitar ver la maravillosa mano de Dios en acción. La relación espiritual de *padre-hijo* que Martín compartía con su amigo Juan vino a completar el círculo recorrido por Martín en la relación con su propio padre, quien, se supone, ya había muerto para esa fecha, aún distanciado de su hijo.

Juancho era, de una manera misteriosa, una mezcla de Martín y de su padre. Al igual que Martín, Juancho era un "hijo sin padre", pero era también español, y por lo tanto, moldeado con la misma arcilla del padre de Martín. En la persona de Juancho, Martín y su padre, que casualmente también se llamaba Juan, se encontraron finalmente cara a cara, como dos guerreros enfrentados. No fue, sin embargo, un enfrentamiento ordinario; fue una batalla espiritual de dos corazones que finalmente se unieron en el amor de Cristo. "Él es nuestra paz; el que de los dos pueblos hizo uno solo, derribando el muro que los separaba, es decir, la enemistad entre nosotros" (Efesios 2, 14).

La diferencia en esta versión de la parábola del Evangelio es que, esta vez los dos personajes aparecen al revés, ya que es el padre pródigo quien viene a la casa del hijo, y es recibido con un beso de paz que sana todas las guerras. Juancho era la pieza que faltaba del rompecabezas que el corazón de Martín ansiaba encontrar: el final de un camino que nunca parecía llegar a su término. El poder amar a Juancho como un hijo fue el catalizador de sanación en muchos niveles para Martín. Se convirtió en el padre que nunca tuvo, un padre que acoge compasivamente a un hijo huérfano. Por medio de esta relación, Martín pudo amar al hijo que su padre no había sido capaz de amar. Al mismo tiempo, al brindar su amor incondicional a Juancho, un español, estaba, en un sentido espiritual, brindado su amor sanador hacia el corazón herido de su propio padre. En este misterio, que no es otra cosa que el mismo misterio pascual, Dios redimió a Juan de Porras a través del amor valiente y universal de su hijo.

Tal vez éste haya sido el milagro más grande de Martín, un don gratuito de Dios que le fue regalado durante los últimos cuatro años de su vida.

PREGUNTAS PARA REFLEXIONAR

→ ¿Compartes tu vida espiritual con una personalidad sabia, una madre o un padre espiritual?

→ ¿Has sido alguna vez guía para alguien en el camino de la vida?

→ ¿Cuáles fueron algunos de los dones que convirtieron a Martín en un padre espiritual tan sabio? Enuméralos.

→ ¿Tienes alguno de estos dones o cualidades?

→ ¿Por qué la amistad con Juancho constituyó para Martín una fuente de alegría inmensa?

→ ¿Cómo pudo esta amistad espiritual con Juancho sanar y dar paz a la relación entre Martín y su padre?

→ Ora por la reconciliación entre familias y naciones.

13

LA MUERTE DE UN SANTO

La muerte de Martín fue para Lima lo que la muerte de la Madre Teresa de Calcuta fue para el mundo. Un acontecimiento que movilizó al pueblo entero, a toda una ciudad. Thomas Merton escribió en una ocasión: "En mi final está el sentido de mi vida".[85] En el final de Martín, sus últimos días, cuando la multitud que se reunió para despedirlo, se percibe el verdadero significado de su vida. Fue una vida grande, bien vivida. Al final Martín, al igual que Jesús, entregó su vida libremente, como un don: "El buen pastor da su vida por sus ovejas... Nadie me la quita, sino que la doy yo de mi propia voluntad". (Juan 10, 11.18). Y así lo hizo Martín el 3 de noviembre de 1639.

Y llegó el final. Todo empezó cuando, despidiéndose de Juan Vásquez de Parra, convertido en soldado próximo a partir en la Armadilla del Mar del Sur, [Martín] le dijo a éste en el Callao: "Adiós, Juancho, que ya en este siglo no nos volveremos más a ver, y si nos viéremos, lo duda-

85 Colección de Poemas de Thomas Merton, "*The Night of Destiny*", Nueva York, New Directions, 1977, p. 635.

> *rás". Y con esto zarpó Juan Vásquez a Tierra-*
> *firme, y se quedó fray Martín. La partida de la*
> *Armadilla... debió ser por junio de 1639. Pasaron*
> *tres meses y por la tercera o cuarta semana de,*
> *Martín cayó enfermo.*[86]

Martín sabía que el final estaba cerca. Lo que no puede pasar desapercibido es cómo el comienzo del final coincidió con el adiós a Juancho. Su "hijo" era un hombre para este entonces, un hombre libre, como lo era Martín. La experiencia de paternidad espiritual fue para Martín la gracia culminante de su vida. Ahora, con Juancho partiendo hacia el Oriente y las aventuras de vida que le aguardarían, Martín sabía que él también estaba listo para emprender su viaje final: la preparación para la muerte.

Como un buen padre, Martín había transmitido a su hijo la sabiduría de su propia experiencia de vida. Había derramado su propia vida en el corazón y en el alma de Juancho, de la misma manera que Cristo lo había hecho con él. "Ya no los llamo siervos... los he llamado amigos, porque les he manifestado todas las cosas que he aprendido de mi Padre. No me eligieron ustedes sino que yo los he elegido a ustedes. Y los he designado para que vayan y den fruto, y que su fruto permanezca" (Juan 15, 15-16).

---

86 JAB, p. 329. La mayoría de los datos de los últimos días y de la muerte de Martín (incluyendo varias citas en este capítulo) provienen de JAB, pp. 321-348.

La vida de Martín estaba completa. Había llegado la hora de soltarla.

Todas las noches los frailes dominicos tenían la costumbre de reunirse en la capilla del Convento para finalizar el día con la liturgia de Completas[87] y cantar dos antiguos cánticos. Uno de ellos, la *Salve Regina*, está dedicado a María, Madre de la Misericordia. El otro, el *Cántico de Simeón,* del Evangelio de San Lucas, es un canto de acción de gracias de un anciano hebreo que alaba a Dios por permitir que sus ojos viejos y cansados, a punto de cerrarse para siempre, vean realizada la Promesa de Dios a su pueblo Israel. Uno puede imaginar a Martín regresando del puerto de Callao aquel día del mes de junio de 1639, después de haber despedido a su amado Juancho. Debe haber sentido la misma mezcla de emociones, alegría, orgullo, tristeza, que siente cualquier padre cuando un hijo o una hija parte de su casa por primera vez. Allí estaba él, de regreso en la capilla donde había pasado tantas noches de oración, uniéndose a los frailes y al viejo Simeón dando gracias a Dios y rezando por la gracia necesaria para el viaje final:

**Ahora, Señor, según tu promesa,
puedes dejar a tu siervo irse en paz,**

87 *Completas* es el último oficio, o celebración, de la Liturgia de las Horas. Al tiempo que es una preparación para dormir y para la noche, simboliza también la preparación para la muerte.

**porque mis ojos han visto a tu Salvador,
a quien has presentado ante todos los pueblos:
Luz para alumbrar a las naciones**
y gloria de tu pueblo, Israel (Lucas 2, 29-32).

Con estas palabras, Martín comenzó a prepararse para la muerte. El primer día de su enfermedad (probablemente murió de tifus), Martín le dijo a su amigo, el Padre Juan de Barbarán, quien había venido a verlo: "El momento ha llegado. Moriré a causa de esta enfermedad, y ningún medicamento será de ayuda". Martín nunca dudó de esto, y cada vez que los frailes aparecían con una medicina para salvar la vida de su hermano querido y santo, se rehusaba a tomarla. Como se dijo anteriormente, incluso retaba a los frailes que sugerían matar animales con el fin de fabricar medicamentos para su curación. Caminó hacia los brazos de la muerte con absoluta libertad, inundado de gratitud por los dones de la vida y el amor que Dios le había dado. En palabras de un fraile dominico de Perú, "Martín amaba la vida. La adoraba. La defendía".[88]

En tres meses, quedó postrado en cama. No obstante, no dejó de ser "Martín". Trató de resistirse a que los frailes pusieran sábanas en su lecho, pero el prior lo obligó a aceptarlo bajo obediencia. Usó la

---

88   Guillermo Álvarez, OP, *Historia de la Orden Dominica en el Perú: Siglo XVII*, Lima, Dominicos de Perú, 1977, vol. 1, p. 236.

misma artimaña que había intentado anteriormente, cuando cayó enfermo con un cuadro severo de fiebre. Esa vez, Martín había insistido en dormir sobre su pedazo de cuero en el suelo frío, incluso después de que el prior ordenara que colocaran un colchón y sábanas en su habitación. Martín finalmente aceptó el mandato, fiel, al menos en teoría, a su voto de obediencia. Sin embargo, fue todo en vano, porque más tarde descubrieron que, pese a que estaba "obedientemente durmiendo sobre el colchón y sábanas", seguía aún vestido con la camisa penitencial y el hábito de lana. Discutir con la santidad testaruda de Martín era perder el tiempo.

A medida de que se acercaba el final, Martín recibió los sacramentos de la unción de los enfermos y de la confesión "con muchas lágrimas". También recibió el *Viaticum*, la última Comunión, un término latino que significa "la comida para el viaje". El pan que había partido y compartido con tantos otros durante su vida se le entregaba ahora a él como pan para su viaje final. De forma muy similar a las horas finales de la vida del fundador de la Orden, el Santo Padre Domingo, Martín también dirigió unas palabras a los que estaban allí reunidos, "que movían a lágrimas a los que estaban presentes". En las primeras horas de la tarde del 3 de noviembre llegó a verlo otro de sus viejos amigos, Francisco Ortiz, quien años más tarde, compartió la ternura de los momentos finales vividos con Martín: "Por si muriese esta noche quiero despedirme de él", pensó Ortiz, y con eso se acercó a la cama, dándole un beso en la cabeza. Cuando Martín sintió su presencia, "sacó el brazo y lo agarró de la cabeza y el pescuezo". Ortiz luego relató que, "Gozó de un olor del cielo tan suavísimo y tan grande que hasta entonces yo jamás le había olido ni gustado".

> *Muéstrense buenos y comprensivos unos con otros... Sigan el camino del amor, a ejemplo de Cristo, que los amó a ustedes. El, en verdad, se entregó por nosotros y vino a ser la ofrenda y la víctima sacrificada, cuyo buen olor sube a Dios* (Ef. 4, 32-5, 2).

En dos oportunidades esa tarde, le preguntaron a Martín si era momento para hacer sonar las *tablas,* los badajos de madera usados para anunciar a la comunidad la muerte de un fraile. Pero, en ambas ocasiones, dijo "no" con la cabeza. Finalmente, alrededor de las ocho de la noche, se le preguntó nuevamente, y en esta ocasión, "bajando la cabeza, dijo "sí". Los frailes se reunieron y comenzaron a cantar el Credo. "Cuando terminaron las preces, fray Martín ya había muerto". Las campanas del convento —las mismas que Martín había hecho sonar con devoción por más de cuatro décadas— anunciaron a todos los habitantes de Lima que su querido Martín se había ido a la casa de Dios, llevando en su corazón el pan de vida.

El obispo Pierre Claverie, OP, mártir de Orán en Argelia dijo en una ocasión: "El valor de mi vida depende de mi capacidad para entregarla". ¿No es esto acaso lo que Martín nos enseña tan perfectamente y con tanta sencillez? Su vida fue de tan grande valor precisamente porque la entregó, como pan, bendecida y partida, cada día de su vida.

En su funeral, al día siguiente, toda la ciudad de Lima estuvo presente: "gente de todas las razas, lenguas y condiciones de vida". Era lo que Martín siempre quiso: un encuentro alrededor de la mesa de la Eucaristía donde todos tuvieran un lugar, y donde nadie quedara fuera. Podemos estar seguros de que incluso los perros, los gatos y los ratones estaban allí presentes ese día, para decir adiós al amigo que los había invitado por primera vez a "la mesa". Como Jesús, Martín fue el amigo que celebró el final de su vida entregándola. El don final de Martín fue haberse convertido en pan para el mundo.

PREGUNTAS PARA REFLEXIONAR

→ ¿Por qué Martín pudo acercarse a la muerte con tanta docilidad y confianza?

→ ¿Alguna vez piensas en la muerte? ¿Te asusta, o te sientes en paz con la idea de morir?

→ Jesús entregó su vida. Martín entregó su vida. El Obispo Claverie entregó su vida. ¿Vas entregando poco a poco tu vida? ¿Cómo puede la entrega de la vida convertirse en una preparación para la muerte? ¿Cómo nos prepara el amor, la amistad, el matrimonio, para la muerte?

→ ¿Cómo escribiría la memoria de mi propia muerte en forma de noticia?

→ ¿Qué lecturas y qué música elegirías para tu funeral? Reflexiona sobre esto.

14

SANTIDAD COMÚN

¿Cómo podría uno de nosotros intentar seguir el ejemplo de vida de Martín de Porres sin sentirse totalmente abrumado? Tal como me comentó una amiga recientemente, "Martín lo hizo todo: ¡desde hacer sonar las campanas y limpiar los baños, hasta cuidar a los enfermos, alimentar a los hambrientos y cubrir los cerros de hierbas para los pobres! Y por encima de todo eso, ¡pasaba la mitad de la noche rezando"! Y siguió, "¿Cómo podemos nosotros, los laicos –esposos y esposas, padres e hijos, amigos y compañeros de trabajo– acercarnos más a la práctica de nuestra fe como lo hizo Martín de Porres?" Es una buena pregunta. Ciertamente, la última cosa que hubiera querido Martín es que nos sintiéramos abrumados, y por lo tanto paralizados, en nuestro propio seguir a Cristo. ¿Cómo podemos, entonces, ser animados por su vida de santidad, y encontrar en su historia un nexo con nuestra propia historia? Volvamos por un instante al comienzo de la historia de la vida de Martín.

Martín pedía a Isabel García una vela de cera o un cabo de ella... Temiendo un incendio, pero más que nada por saber lo que ocurría, se dejó tentar por su curiosidad, y acercándose furtivamente a la habitación del chiquillo, hurgó por las rendijas de la puerta. Lo que vio la dejó impresionada. Martín estaba de hinojos, quieto, silente, y hacía oración ante la imagen de un Crucificado. Su oscura silueta se perfilaba piadosa contra la lucecilla encendida, y la unción del orante era tal que parecía imposible en un niño de tan pocos años.[89]

"Una vela de cera… el cabo de una simple vela de cera". Con eso, Martín emprendió su largo y hermoso camino hacia Dios. En realidad, ya había comenzado su camino varios años antes –con otra vela– aunque en ese entonces era aún demasiado pequeño para recordarlo, porque fue tan solo uno o dos días después de su nacimiento. Ese día Martín fue llevado en brazos de su madre y sus padrinos a la Iglesia de San Sebastián en Lima para recibir el sacramento del Bautismo. Ese día se encendió una vela y Martín escuchó estas palabras: "Recibe la luz de Cristo, *lumen Christi*". Y así comenzó a desplegarse el hermoso camino de fe de Martín.

En los siguientes sesenta años, todo tuvo algo que ver con esa vela bautismal, que fue una expresión de la luz pascual de Cristo. La luz de Martín no fue el

89 JAB, p. 59.

fuego ardiente y profético de Elías, Juan Bautista o Juana de Arco. Él no fue un misionero martirizado, recordado por llevar la luz de la fe a tierras lejanas, a pesar de haber soñado con esa vocación. No construyó ni iglesias ni orfanatos, ni tampoco llegó a ser obispo o Papa. No fundó ninguna congregación religiosa como Domingo, Francisco o la Madre Teresa. La luz de Martín se asemejaba más a una vela sencilla, siempre encendida, siempre brillando en algún rincón oscuro de nuestro mundo sufriente. La santidad de Martín fue una santida ordinaria.

Parte de lo que nos "sobrepasa" hoy, cuatrocientos años después, es que las historias que se cuentan acerca de Martín parecen tan "magníficas". Hizo milagros, se relacionó con los animales y vivió con tanta simplicidad, comiendo sólo pan y verduras sancochadas. Debemos recordar, no obstante, que estas historias representan la imagen de una vida santa en ese momento particular de la historia. Por eso es importante *profundizar* en las historias de la vida de Martín, para *ver* y *oír* los detalles que *no* son extraordinarios. Esto requiere de una especie de curiosidad sagrada, una mirada penetrante para lo que parece insignificante, lo que está insinuado sin más. *Ahí* es donde vislumbramos la obra magnífica de su vida santa; *allí* es donde encontramos la pequeña vela ardiente y resplandeciente en medio de la oscuridad.

Recordemos, por un momento, la historia de Martín cuando fue a sembrar una rama de higuera en una colina en Amancaes, la misma que Juancho encontró brotando dieciocho días más tarde. "¡Un milagro!" decimos. Sí, parece ser un milagro. ¿Por qué nos sorprende tanto el "milagro" del árbol que brotó tan rápido? ¿Por qué lo que es *fuera de lo común* nos fascina tanto? ¿Pensamos que la santidad es algo fuera de lo común? ¿Y qué de las palabras de Martín: "Gracias a Dios, dará higos de aquí a dos o tres años, y los pobres que por aquí anduvieran tendrán ese refugio de comer su fruto"?[90] ¿No es también un milagro cuando alguien hace algo tan considerado como plantar un frutal para los pobres de futuras generaciones? ¿No es ese un verdadero milagro del amor?

San Pablo dijo: "Aunque hablara las lenguas de los hombres y de los ángeles, si no tuviera caridad, soy como un bronce que suena o un címbalo que retiñe. Aunque tuviera el don de la profecía... y aunque tuviese tanta fe que trasladase las montañas, si no tuviere caridad, no soy nada" (1 Corintios 13, 1-2). Tal vez San Pablo diría lo siguiente de la higuera de Martín: "Si sembrara higueras en todas las cimas de los cerros del mundo, y no tuviera amor, entonces nada soy". Pero si planto *una sola* higuera para que los pobres tengan algo que comer, ese *sí* es un verdadero milagro: el milagro del amor. Puede ser un poco menos

90 JAB, p. 300.

heróico que nuestra fascinación por lo extraordinario, pero ¿es por eso menos importante? ¿No es esto el corazón de todo el Evangelio de Jesús?

La vida de Martín puede parecer *abrumadoramente santa,* si permanecemos atrapados por los signos externos y perdemos de vista la *verdadera* santidad detrás de estos signos: la santidad del amor. Tal vez hayamos complicado la vida de los santos más de lo necesario. Tal vez busquemos *parecernos* a ellos en lugar de *amar* como ellos. Martín simplemente vivió su vida amando: en un momento era un perro al que amaba y en otro momento era su prójimo. Ahora bien, *eso* no parece ser tan difícil. En realidad nos parece posible, e incluso hasta hermoso.

¿Será que Martín realmente *disfrutó* el estar enamorado del mundo? ¿Es eso lo que está tratando de enseñarnos? Después de todo, no es nada divertido estar enojados, amargados, perdidos en nuestros egoísmos, aunque la verdad es que pasamos gran parte de nuestro tiempo *siendo* así. ¿No es esto lo que hay detrás de la historia del Padre Pedro Montes de Oca, que le gritaba a Martín y lo llamaba "perro mulato" (y un par de cosas más)? Recordemos que Martín se fue de la habitación riendo, y luego se dirigió a la cocina para prepararle su ensalada favorita de alcaparras. ¡Qué milagro! ¿Quién hubiera pensado que hacer una ensalada de alcaparras pudiera ser un milagro tan maravilloso? ¿Será que todos podríamos ser santos?

¡Imaginen un mundo lleno de ensaladas de alcaparras preparadas por personas santas! Podría ser el inicio de una verdadera revolución.

Martín fue de esos santos que nos recuerdan que el milagro del amor sucede en las cosas comunes y cotidianas: compartir una ensalada y un poco de pan con un amigo, preparar un té de manzanilla para un enfermo, plantar una higuera para los pobres. Nada demasiado heróico. Hay una calcomonía que se ve a veces en la parte trasera de los coches que reza: "Practica actos de amor al azar". Eso es lo que hizo Martín. Vivió su vida con el cabo de una vela en la mano y en el corazón, practicando actos de amor al azar. Por eso es santo. Quizás eso de vivir una vida "santa" no sea algo extraordinario, sino ordinario, o sea, vivir el milagro del amor aquí y ahora –hoy– en este mismo mundo en que vivimos.

Todos hemos recibido la luz de Cristo a través de nuestro bautismo, y al igual que Martín, es esta luz la que nos guía por el camino de la santidad. No necesita ser una antorcha abrasadora de santidad extraordinaria. Martín parecía bastante feliz con sus pequeñōs cabos de vela. El lema del Movimiento Christopher reza así: "Es mejor encender una vela que maldecir la oscuridad". La santidad es la luz de Dios que brilla a través de la bondad cotidiana de cada persona.

La santidad no es sólo una higuera que brota milagrosamente, sino también se da cuando corto algunas flores de mi jardín y se las llevo a mi vecina que está atravesando nuevas sesiones de quimioterapia. La santidad no es comunicarse con perros, gatos y ratones a través de un lenguaje secreto de animales. Más bien, es ofrecer servir la comida todas las semanas en el comedor comunitario o invitar a alguien que padece SIDA a unirse a nuestra mesa familiar para la Navidad. La santidad no sólo consiste en pasar noches enteras rezando, sino en vivir con un corazón orante, sea yendo a mi trabajo o hablando con mis hijos sobre los peligros de la droga.

La santidad consiste en las pequeñas cosas hechas con amor. La Madre Teresa, rodeada de la miseria de los barrios pobres de Calcuta, decidió hacer de su vida "algo hermoso para Dios". De eso se trata la santidad. Preparar una sopa para un vecino es "algo hermoso para Dios", así como es ofrecer una sonrisa amistosa a un compañero de escuela que está triste. La sanación no es otra cosa que el amor encarnado, y esto es lo que Martín vivió tan bien durante toda su vida. Sanaba porque amaba. Y porque hacía las dos cosas, era un santo. ¿Quién sabe? ¡Quizás eso de ser santo —en la última instancia— no sea algo tan extraordinario!

PREGUNTAS PARA REFLEXIONAR

→ ¿En qué manera fue la santidad de Martín común (o me quedo sólo admirando las virtudes extraordinarias de los santos)?

→ ¿Cuáles son las cosas comunes/cotidianas que hago todos los días? (Hacer una lista.)

→ ¿Cómo puedo amar al prójimo en el quehacer de cada día?

→ ¿Hay alguien en especial que necesita un milagro de amor?

→ Cuando observo al mundo, con todos sus problemas y sufrimientos, ¿hay *algún* acto de amor que yo pudiera hacer para que el milagro de Dios se hiciera cada vez mas una realidad?

→ Martín plantó una higuera para los pobres. ¿Qué puedo hacer yo como uno de los hijos de Dios "en proceso de santidad"?

15

LA FE DE DOÑA PAULINA

Prácticamente no hay iglesia en América Latina que no cuente con una imagen de San Martín de Porres y, por lo general, se encuentra rodeada de velas, como las que usaba el pequeño Martín durante sus vigilias nocturnas. Venerado por todo el continente, el mensaje de Martín, como el de la querida Virgen María de Guadalupe, es un mensaje de esperanza, solidaridad, y amor preferencial de Dios por los pobres. La devoción a Martín de Porres se extiende desde Irlanda hasta Vietnam, y está presente también en muchas partes de España, África y Estados Unidos. Su vida sencilla de oración y compasión es fácilmente comprendida por aquellos que buscan una vida espiritual más profunda. Este último de los quince capítulos es una historia verdadera que muestra de qué manera Martín vive hoy en la fe de los más pobres de entre los pobres, revelándonos el rostro amoroso de Dios.

Doña Paulina es una mujer pobre que vende periódicos en la misma esquina en Lima, Perú, desde hace más de cuarenta años. De estatura baja, Doña Paulina es una mujer robusta, con mechones de pelo blanco que se asoman en su cabello. Su piel, permanentemente agrietada, da cuenta de una vida de lucha y sufrimiento. Nacida en una familia indígena Quechua[91], Paulina dejó su pueblo de la sierra peruana hace muchos años, para comenzar una nueva vida en una tierra extranjera: la gran ciudad de Lima. No sólo tuvo que encontrar un trabajo para procurar su sustento, sino que también se vio forzada a aprender el castellano. Su familia y la gente de su pueblo andino hablan quechua, así que nunca antes había tenido necesidad de aprender otro idioma. No tuvo la suerte de poder combinar el trabajo con ir a la escuela; simplemente nunca fue a la escuela. Trabajó para sobrevivir, y más tarde para criar a sus hijos. Lo irónicmnte trágico es que Doña Paulina ni siquiera puede leer los periódicos que vende.

Conocí a Paulina cuando yo estudiaba teología en Lima en 1985. Los frailes de nuestra comunidad dominica le comprábamos el periódico en su pequeño kiosko improvisado en la esquina de la calle. Y de esa forma Doña Paulina y yo nos hicimos amigos. Me llamaba cariñosamente "hermanito". Su sonrisa, aunque marcada por una leve sombra de sufrimiento, siempre ha sido radiante y llena de amor. Conver-

---

91 Los indios Quechuas, ubicados principalmente en la región andina de Perú, Bolivia y Ecuador son todavía hoy una comunidad indígena grande y vibrante. Sus raíces se remontan al período anterior a la conquista. Muchos Quechuas han emigrado a las ciudades a través de los años, en busca de trabajo y escapándose de la pobreza y la violencia política.

sábamos todas las mañanas, mientras mis hermanos dominicos y yo esperábamos el autobús número 57 que nos llevaría a nuestras clases. Cuando lo abordábamos todos los días, rodeados de una nube de humo y gases, lo último que escuchaba era: "¡Chao, hermanito! ¡Que le vaya bien!"

Yo, por mi parte, me dirigía a las aulas tranquilas a leer y estudiar teología, mientras Doña Paulina pasaba catorce horas todos los días, sentaba en su banquito de madera, quemada por el sol, aturdida por el ruido y respirando los gases de cientos de autobuses y autos. Hasta el día de hoy, esas catorce horas le traen como ganancia lo mínimo para sobrevivir.

He regresado muchas veces a Perú durante estos años, y una de las primeras cosas que hago cuando llego a la ciudad es ir a ver a mi amiga, Paulina. Después de más de veinticinco años, aún hoy, cuando me ve llegar, me recibe con una gran sonrisa, la mismísima sonrisa con que me saludaba cuando regresaba de mis clases de teología. Desde que conozco a Paulina, he estado en decenas de países y cientos de ciudades, mientras que ella ha permanecido siempre sentada en la misma esquina todos los días. A veces, esta realidad sencillamente me deja atónito. Los pobres no sólo son pobres económicamente, sino que sus mentes están empobrecidas y esclavizadas por la falta de posibilidades en la vida. Esto me recuerda la frase de la *United Negro College Fund* en EE.UU.:

"Una mente es algo terrible de echar a perder". Esto es muy cierto.

Estuve en Perú recientemente para dictar un curso a los frailes dominicos jóvenes y, por supuesto, para visitar a mi querida Paulina. Volver cada dos años a la esquina de Doña Paulina, para conversar largamente con esta mujer de tan profunda fe y santidad, da solidez a mi vida. Doña Paulina ha sido una de las maestras espirituales más grandes en mi vida, pese a que ella, como Martín de Porres, se reiría de tan descabellada apreciación. Su vida es demasiado transparente, simple y enfocada casi totalmente en la subsistencia cotidiana como para preocuparse por tales ideas.

En la primera de nuestras varias conversaciones que mantuvimos durante esta última visita, pregunté a Doña Paulina por sus hijos. Hace más de diez años que dos de ellos están en prisión – otra herida más que carga su corazón ya cansado. Cada vez que me he encontrado con Paulina durante estos años me ha contado la forma en que, ahorrando su dinero, centavo por centavo, logra viajar por autobús a la sureña ciudad de Puno, para pasar un día con uno de sus hijos privados de libertad. En total son dos días de ida, dos de vuelta y uno para la visita. Y en Lima, cinco días de trabajo perdido. Cada viaje le agrega dos años más a su cuerpo cansado.

"¿Cómo está su hijo en Puno?" le pregunté aquel día. "¿Ha podido viajar a verlo últimamente?" Levantó la vista, mostrándome una de sus sonrisas pícaras, la que me sorprendió por completo, porque por lo general, cuando hablaba de sus hijos encarcelados, se le llenaban los ojos de lágrimas. "El hijo que estaba en Puno ha sido trasladado a la prisión en Lima ahora", dijo, "así que ahora puedo visitar a los dos más seguido. Tú sabes, hermanito, me estoy poniendo vieja y es muy difícil para mí hacer ese viaje".

Quedé impactado. "¡Gracias a Dios!" exclamé. Por lo menos una pequeña parte de su sufrimiento diario había sido aliviado. "¿Cómo es que sucedió?" Con sus ojos aún colmados de felicidad, me contó la historia dramática, casi como si hubiera sido cómplice de un golpe de estado. La persona detrás de ese golpe era, por supuesto, Martín de Porres. Esto es lo que Doña Paulina me contó:

Ahorré mis centavitos durante muchos meses y luego fui allí (señaló hacia una clínica para los pobres al otro lado de la calle, donde se encuentra una imagen de San Martín) para conversar con "Martincito". Puse las monedas que había ahorrado a sus pies, y le dije: "Martincito, tú sabes que mi hijo está lejos y que ya soy muy vieja para viajar a verlo. Así que aquí te dejo este dinerito que alcanza para que pagues tu pasaje de autobús. Te ruego que vayas y traigas a mi hijo de regreso a Lima". Eso fue todo. Ni siquiera le pidió que lo liberara de la prisión. Lo único que le pidió fue que lo trajera cerca de su casa. Terminó sus plegarias y regresó a su kiosko para seguir con su venta de diarios, segura de haber sido escuchada. "¿Y sabes qué, 'hermanito'?", me preguntó, "En una semana, mi hijo fue trasladado a una prisión aquí en Lima". Esbozó una sonrisa enorme esta vez, mientras las lágrimas rodaban por mis mejillas. Pensé en mi interior: ¡Qué no daría yo para tener fe como la de ella!

El Señor dijo [a Moisés]: "He visto la aflicción de mi pueblo en Egipto; he oído su clamor... Conozco sus angustias y he bajado para liberarlos" (Éxodo 3, 7-8).

Es envidente que Martín de Porres está muy presente hoy en la fe sencilla y profunda de los pobres. Continúa sanando a los enfermos y liberando a los desamparados. En él, podemos vislumbrar el rostro de Dios. En realidad, todos los santos nos recuerdan que nuestra fe es una fe encarnada, y que al mirarnos los unos a los otros, vemos a Jesús, el rostro humano de Dios.

Al pararse frente a la imagen de San Martín, rezando por su hijo, Doña Paulina vio el rostro compasivo de Martín, y así, confió en que su oración fuera escuchada por el Dios del amor incondicional. Martín acogio su plegaria con ternura; Dios le dio la respuesta. Paulina sabe que Dios responde a las plegarias. Y esta vez su plegaria no sólo fue contestada, sino que vino envuelta en amor.

Hace algunos años, se le pidió a Gustavo Gutierrez, OP, dar una definición de la Teología de la Liberación. Respondió así, "La Teología de la Liberación intenta dar respuesta a una pregunta: "¿Cómo decirles a los pobres, a los oprimidos, a las personas insignficantes: 'Dios te ama'?" Esta es la pregunta clave para entender el compromiso cristiano... En la última instancia carecemos de respuestas intelectuales, excepto el *estar con* los pobres".[92]

San Martín era capaz de comunicar el amor de Dios plenamente, precisamente porque vivió su vida *con* los pobres. Escuchó sus clamores, curó sus heridas, los abrazó con amor. Esto es lo que mi amiga, Doña Paulina, me mostró con tanta belleza y sencillez cuando estábamos parados allí conversando aquel día en *su* concurrida esquina de Lima, Perú.

Otro gran santo de América Latina, el Arzobispo salvadoreño, Oscar A. Romero, dijo en una homilía un año antes de su martirio: "Simplemente quiero ser el constructor de una gran afirmación, la afirmación de Dios que nos ama y nos quiere salvar".[93] Hoy, San Martín de Porres sigue viviendo la *gran afirmación de*

---

92 Gustavo Gutiérrez, OP, "*An Interview with Gustavo Gutiérrez*", Mev Puleo, *St. Anthony Messenger* (febrero de 1989), p. 10.
93 Monseñor Oscar Romero, *The Church is All of You,* ed. y trad. por James R. Brockman, SJ, Minneapolis, Winston Press, 1984, p. 63. De una homilía predicada el 25 de febrero de 1979.

Dios, la afirmación del amor. La vivió fielmente durante su vida, y la vive hoy en la presencia de Dios, y en nombre de los pobres. La vivió ayudando a traer al hijo de mi amiga, Doña Paulina, de regreso a Lima. Ahora nos toca también a nosotros ser los constructores de esta *gran afirmación.*

PREGUNTAS PARA REFLEXIONAR

- ¿Qué me dice la fe de Doña Paulina?
- ¿Cómo se convirtió San Martín de Porres en un instrumento del amor de Dios para ella?
- ¿Tengo algunos santos favoritos?
- ¿Me acerco a ellos con confianza, seguro de que a través de su amor puedo ver el rostro de Dios?
- La plegaria de Doña Paulina no fue egoísta. Ella pidió a Dios que le permitiera continuar llevando la luz del amor de Cristo a sus hijos. Le rogó a Martín que la ayudara a ser un apóstol de ese amor. ¿Pido en mis plegarias que Dios me ayude a discernir cómo amar mejor al prójimo?
- ¿Quién necesita de mi plegaria y de mi amor hoy?
- Dedica un tiempo a la oración, manteniendo a las personas por quienes rezas en el recinto amoroso de tu corazón.

ORACIÓN FINAL

Aquí estoy, frente a ti, San Martín, tú que eres amigo de Dios y amigo de los pobres, para pedirte me ayudes a vivir más plenamente mi vocación como discípulo de Jesucristo. Yo también soy pobre de muchas maneras, hambriento y sediento de la misericordia y compasión de Dios. Observo el mundo y lo veo herido, dividido, en busca de la esperanza. Te ruego, Hermano Martín, que vengas a peregrinar con nuestro pueblo, y que nos muestres el camino del amor. Sana nuestras heridas de cuerpo y alma. Sana el odio que nos divide. Condúcenos a Jesús, el Buen Pastor, que camina con nosotros, por medio de la oscura noche de la Cruz, hacia la Luz resplandeciente de la Resurrección. Amén.

Brian J. Pierce también publició en Editorial Bonum:

CAMINANDO JUNTOS.
Aprendiendo del Maestro Eckhart
y Thich Nhat Hanh

PRAXIS Y PREDICACIÓN.
Un Manual para Predicadores.

Este libro se terminó de imprimir en junio de 2011
en Talleres Gráficos Valdéz.
Tirada 900 ejemplares.